全国郡区役所位置 郡政必携 全

木村陸一郎 編輯

地方自治法研究復刊大系〔第二三二巻〕

全国郡区役所位置

郡政必携 全

日本立法資料全集 別巻1032

信山社

全國郡區
役所位置

郡政必携

全

緒言

地方政務ノ要領ハ第一國ノ安寧ヲ保護シ人民生活ノ基礎ヲ固フシ各自ノ職業ヲ營ムヿ安カラシムルヲ得セシムル者ナリ然リ而其政令ヲ管下ニ公布スルニ臨ミ先ツ實地ノ適否如何ヲ酌量シ利害得失ヲ監別シテ人情程度ニ照シ之ヲ漸行シ之ヲ急行シ愈ヨ文明ニ愈ヨ富國ニ愈ヨ强兵ニ其他各般ノ事ヲ誘致シテ社會ノ幸福ヲ計リ遂ニ純良ノ開明進捗ヲ來タサンヿヲ測ラザルベカラズ豈ニ其職掌モ又大ニ重任ト云ハザルヲ得ンヤ然リト雖𪜈其實地ニ適スルヤ否ヤヲ監定スルヿ最モ難キニ居ルト信ズルナリ故ニ其任ニ當ル者ハ瞬時モ之ヲ輕忽ニ附セズ宜シク焦慮セザルベカラザルハ言論ヲ竢ズシテ明ナリ果シテ然リトセバ假令輕々ノ一事ヲ施行スルモ急行漸進ノ兩主義ヲ折衷シテ與ス可キノ事業ハ之ヲ興シ廢ス可キノ事業ハ之ヲ廢シ浪費ヲ省キテ節

儉ヲ旨トシ民力ノ如何ヲ考察シテ之レヲ誘導シ之ヲ奬勵シ益々物產ヲ隆起シ將來擴張ノ便ヲ企圖セザルベカラズ然リト雖ドモ其公益ヲ起サントスルニ汲々タルヨリ遂ニ保護ノ區域ヲ踰ヘ或ハ干涉ト爲リ或ハ壓制ト爲リ人民ノ權利自由ヲ妨碍スルヿ蓋シ是レ無ト云フベカラズ實ニ思ハザル可ケンヤ倘シ亦斯ノ如キ誤謬ノ甚シキヨリ爲メニ官民ノ區域ヲ混同シ干涉壓制ニ非ザレバ以テ人民ヲ開明ニ誘致スル克ハズト爲スノ君子アルモ未タ識ルベカラズ因テ爰ニ其大略ヲ開陳セントス抑モ我國今日ノ風潮ハ封建政度ノ風潮ニハ非ラザルナリ看ヨヤ人民ハ自治ノ精神ヲ有シ干涉壓制ノ弊害ヲ專ラ拒絕セント欲スルノ形狀タルニ於テヲヤ如何ゾ亦之レ輿論ノ歸スル處ニシテ社會ノ勢力ハ日ニ增シ月ニ加ハリ既ニ々著明ノ進步ヲ來タシタリ於是乎中央政府ハ實地ノ利害ヲ深ク經驗シ翻然トシテ其ノ目途ヲ轉シ官民ノ區域ヲ分割シテ既ニ客年七月ヲ以テ郡區町村編制法、府縣會規則、地方稅規則ノ三新法ヲ公布セラレタリ蓋シ此三法ノ精神タル愈ヨ人民ニ自治ノ權利ヲ與ヘ自由ノ針路ニ向ハシメントノ御趣意ニ外ナラザルナリサレバ地方官吏モ此ノ精神ヲ擴張シテ人民ヲ制御シ愈々富國强兵ノ基ヲ固フシ益々國權ヲ海外ニ向ツテ振暢センヿヲ謀ザルベカラズ予這回郡政必携ト題シ百般ノ公達ヲ類纂スルニ臨シ聊カ言ヲ付シテ好當ノ處務アランヿヲ望ムヤ最モ切也

明治十二年六月

編者識

例言

一本篇ハ客年七月公布セラレタル郡區町村編制法、府縣會規則、地方稅規則、ノ三新法ヲ基トシ府縣官職制ヲ始メ其他是レニ屬スル百般ノ告達ハ勿論內務大藏兩省ノ達ヲモ夫々類纂シテ地方分權ノ區域ヲ明ニシタル者ナリ

一編中沿革アル者ハ其條款中ニ挿入シテ重複ノ繁ヲ省キ舊項ハ是レヲ刪除シテ專ラ布告ハ布告ノ部ニ編シ達ハ達ノ部ニ集ス內務大藏兩省モ又之ニ倣フ搜索ノ便ニ供スル者トス但シ此編ハ明治十一年七月ニ起シ十二年六月ニ止ム

一本篇卷端ニ合輯シタル全國諸官衙ノ位置ハ始メニ太政官ヲ揭ゲ其他諸省各裁判所、各區裁判所、各府縣、各郡區役所、ト夫々順次ニ是レヲ登錄シ之レニ加フルニ各縣ノ部ハ一縣每ニ其石高及ヒ各廳ヨリ東京ニ至ルノ里程ヲモ記載シ專ラ公衆ノ便覽ニ供スルヲ以テ旨トス

一此ノ書ノ要タル單ニ何縣幾郡ハ何郡役所之ヲ統轄シ廳衙ハ何村ニ何府幾町ハ何區役所之ヲ統轄シ廳衙ハ何町ト其在廳地及ビ其區界

ヲ一目ニシテ了知スルヿヲ得セシムル者也

郡政必携目次

畢

○第拾七号　明治十一年七月二十二日　太政官御布告

郡區町村編制法左ノ通被定候條此旨布告候事

第一條　地方ヲ畫シテ府縣ノ下郡區町村トス

第二條　郡町村ノ區域名稱ハ總テ舊ニ依ル

第三條　郡ノ區域廣濶ニ過キ施政ニ不便ナル者ハ一郡ヲ畫シテ數郡トス(東西南北上中下某郡ト云カ如シ)

第四條　三府五港其他人民輻湊ノ地ハ別ニ一區トナシ其ノ廣濶ナル者ハ區分シテ數區トナス

第五條　毎郡ニ郡長各一員ヲ置キ毎區ニ區長各一員ヲ置ク郡ノ狹少ナルモノハ數郡ニ一員ヲ置クヿヲ得

第六條　毎町村ニ戸長各一員ヲ置ク又數町村ニ一員ヲ置クヿヲ得

但區內ノ町村ハ區長ヲ以テ戸長ノ事務ヲ兼ヌルコヲ得

○第拾八号　明治十一年七月二十二日　太政官御布告

府縣會規則左ノ通被定候條此旨布告候事

第一章　總則

第一條　府縣會ハ地方税ヲ以テ支辨スヘキ經費ノ豫算及ヒ其徴收方法ヲ議定ス

第二條　府縣會ハ通常會ト臨時會トノ二類ニ別ツ其定期ニ於テ開ク者ヲ通常會トナシ臨時ニ開ク者ヲ臨時會トナス

第三條　通常會臨時會ヲ論セス會議ノ議案ハ總テ知事縣令ヨリ之ヲ發ス

第四條　臨時會ハ其特ニ會議ヲ要スル事件ニ限リ其他ノ事件ヲ議スルヲ得ス

第五條　凡ソ地方稅ヲ以テ施行スヘキ事件ハ府縣ノ會議ニ付シ其議決ハ府知事縣令認可ノ上之ヲ施行スヘキ者トス若シ府知事縣令其議決ヲ認可スヘカラスト思慮スル時ハ其事由ヲ內務卿ニ具狀シテ指揮ヲ請フヘシ

第六條　府縣會ハ每年通常會議ノ初メニ於テ地方稅ニ係ル前年度ノ出納決算ノ報告書ヲ受ク

第七條　通常會期中議員ノ內一人又ハ數人其府縣內ノ利害ニ關スル事件ニ付政府ニ建議セントスル者アレハ議長ノ許可ヲ得テ之レヲ會議ニ付シ過半數ノ同議ヲ得タルトキハ其會ノ所見トシ議長ノ名ヲ以テ之レヲ內務卿ニ建議スルヲ得

第八條　府縣會ハ府知事縣令ヨリ其府縣內ニ施行スヘキ事件ニ付會議ノ意見ヲ問フヿアルキハ之ヲ議ス

第九條　府縣會ハ議事ノ細則ヲ議定シ府知事縣令ノ認可ヲ得テ之ヲ施行スルヿヲ得

第二章　選擧

第十條　府縣會ノ議員ハ郡區ノ大小ニ依每郡區ニ五人以下ヲ撰フ

第十一條　議長副議長ハ議員中ヨリ公選シ府知事縣令之レヲ認可シ內務卿ニ報告ス可シ（議長副議長及ヒ議員ハ俸給ナシ但會期中滯在日當及ヒ往復旅費ヲ給ス其額ハ會議ノ議決ヲ以テ之ヲ定ム

第十二條　書記ハ議長之ヲ選ヒ庶務ヲ整理セシム其俸給ハ會費ノ中ヨリ之ヲ支給ス

第十三條　府縣ノ議員タルヿヲ得ヘキ者ハ滿二十五歲以上ノ男子ニシテ其府縣內ニ本籍ヲ定メ滿三年以上住居シ其府縣內ニ於テ地租十圓以上ヲ納ムル者ニ限ル但左ノ各欵ニ觸ルヽ者ハ議員タルヿヲ得ス

第一欵　瘋癲白痴ノ者

○第十三号　明治十二年四月四日　太政官御布告

明治十一年七月第十八号布告府縣會規則第十三條第二欵左ノ通改正候條此旨布告候事

第二欵　懲役一年以上及國事犯禁獄一年實決ノ刑ニ處セラレタル者　但滿期後七年ヲ經タル者ハ此限ニアラス

第三欵　身代限ノ處分ヲ受ケ負債ノ辨償ヲ終ヘサル者

第四欵　官吏及教導職

第十四條　議員ヲ選擧スルヲ得ベキ者ハ滿二十歳以上ノ男子ニシテ其郡區內ニ本籍ヲ定メ其府縣內ニ於テ地租五圓以上ヲ納ムル者ニ限ルヘシ

但前條ノ第一欵第二欵第三欵ニ觸ルヽ者ハ選擧人タルコヲ得ス

第十五條　議員ヲ選擧セントスル𪜈ハ府知事縣令ヨリ某月間ニ選擧會ヲ開クヘキ旨ヲ布令シ郡區長ハ豫メ選擧ノ投票ヲ爲スヘキ日ヲ定メ少クモ十五日前ニ之ヲ郡區內ニ公告スヘシ

第十六條　選擧ノ投票ハ豫定ノ日ニ郡區廳ニ於テ之ヲ爲シ郡區長之

ヲ調査シ選擧會中ノ取締ヲ爲スヘシ
但便宜ニ因リ郡區廳外ニ於テ選擧會ヲ開クコヲ得

第十七條 投票ハ豫メ郡區長ヨリ付與シタル用紙ニ選擧人自己及ヒ被選人ノ住所姓名年齡ヲ記シ豫定ノ日之ヲ郡區長ニ出スヘシ投票ハ多數ノ者ヲ以テ當選人トシ同數ノ者ハ年長ヲ取リ同年ノ者ハ鬮ヲ以テ之ヲ定ム
但投票ハ代人ニ托シ差出スモ妨ナシ

第十八條 投票終ルノ後郡區長ハ選擧人名薄ニ就テ投票ノ當否ヲ査シ又被選人名簿ニ就テ當選人ノ當否ヲ査ス若シ法ニ於テ不適當ナル者アルカ或ハ當選人自ラ其選ヲ辭スルトキハ順次投票ノ多數ヲ得タル者ヲ取ル

第十九條 當選人ノ當否ヲ定査スルノ后郡區長ハ其當選人ヲ郡區廳ニ呼出シ當選狀ヲ渡シ當選人ハ請書ヲ出スヘシ
但當選人各請書ヲ出シタル后郡區長ハ其姓名等ヲ郡區

内ニ公告スヘシ

第二十條　一人ニシテ數郡區ノ選ニ當ルトキハ其何レノ郡區ニ屬スヘキハ當人ノ好ニ任スヘシ

第二十一條　議員ノ任期ハ四年トシ二年毎ニ全數ノ半ヲ改選ス第一回二年期ノ改選ヲ爲スハ抽籤法ヲ以テ其退任ノ人ヲ定ム

第二十二條　議長副議長ノ任期ハ二年トシ議員ノ改選毎ニ之ヲ公選スヘシ

第二十三條　前二條ノ場合ニ於テハ前任ノ者ヲ再選スルヿヲ得

第二十四條　議員中第十三條ニ掲クル諸欵ノ場合ニ遭遇スル者アルカ其府縣外ニ轉任スルカ又ハ死去シタルトキハ更ニ其欠ニ代ル者ヲ選擧ス其疾病等止ムヲ得サル事故ナクシテ開會ノ招集ニ應セサル者ハ退職者トシ亦其欠ニ代ル者ヲ選擧ス

第三章　議則

第廿五條　議員半數以上出席セサレハ當日ノ會議ヲ開クヲ得ス

第廿六條　會議ハ過半數ニ依テ決ス可否同數ナルトキハ議長ノ可否スル所ニ依ル

第廿七條　府知事縣令若クハ其代理人ハ會議ニ於テ議案ノ旨趣ヲ辨明スルヲ得

但決議ノ數ニ入ルヿヲ得ス

第廿八條　會議ハ傍聽ヲ許ス

但シ府知事縣令ノ要メニ依リ又ハ議長ノ意見ヲ以テ傍聽ヲ禁スルヲ得

第廿九條　議員ハ會議ニ方リ充分討論ノ權ヲ有ス然レトモ人身上ニ付テ褒貶毀譽ニ渉ルヿヲ得ス

第三十條　議場ヲ整理スルハ議長ノ職掌トス若シ規則ニ背キ議長之ヲ制止シテ其命ニ順ハサル者アルトキハ議長ハ之ヲ議場外

ニ退去セシムルヲ得其強暴ニ渉ル者ハ警察官吏ノ處分ヲ求ムルヲ得

第四章　開閉

第卅一條　府縣會ハ毎年一度三月ニ於テ之レヲ開ク其開閉ハ府知事縣令ヨリ之ヲ命シ會期ハ三十日以内トス

但府知事縣令ハ會議ノ衆議ヲ取リテ其日限ヲ伸ルコヲ得ルト雖𪜈其事由ヲ直ニ内務卿ニ報告スヘシ

第卅二條　通常會期ノ外會議ニ付スヘキ事務アル時府知事縣令ハ臨時會ヲ開クコヲ得

但該會ヲ要スル事由ヲ直ニ内務卿ニ報告スヘシ

第卅三條　會議ノ論説國ノ安寧ヲ害シ或ハ法律又ハ規則ヲ犯スコアリト認ル𪜈ハ府知事縣令ハ會議ヲ中止セシメ内務卿ニ具状シテ其指揮ヲ請フヘシ

第卅四條　會議中國ノ安寧ヲ害シ或ハ法律又ハ規則ヲ犯スコアリト

認ムル時ハ内務卿ハ何レノ時ヲ問ハス閉會ヲ命シ又ハ議
員ノ解散ヲ命スルコヲ得

第卅五條　内務卿ヨリ解散ヲ命シタル片ハ更ニ議員ヲ改選スヘシ

○第拾九号　明治十一年七月二十二日　太政官御布告

從前府縣税及民費ノ名ヲ以テ徵收セル府縣費ヲ改メ更ニ地方税トシ
規則左ノ通被定候條此旨布告候事

第一條　地方税ハ左ノ目ニ從ヒ徵收ス

一地租五分ノ一以内　一營業税並雜種税　一戸割數

第二條　營業税雜種税ノ種類及制限ハ別段ノ布告ヲ以テ之ヲ定ム

第三條　地方税ヲ以テ支辨スヘキ費目左ノ如シ

一警察費　一河港道路堤防橋梁建築修繕費　一府縣會議諸
費　一流行病豫防費　一府縣立學校費小學校補助費　一郡

區廳舍建築修繕費　一郡區吏員給料旅費及廳中諸費　一病院及救育所諸費　一沛役塲及難破船諸費　一管內限リ諸達書及揭示諸費　一勸業費　一戶長以下給料及戶長職務取扱諸費

各町村限及區限ノ入費ハ其區內町村內人民ノ協議ニ任セ地方稅ヲ以テ支辨スルノ限ニアラス

第四條　其年七月ヨリ翌年六月迄ヲ一周年度トナシ府知事縣令ハ其年二月迄ニ地方稅ヲ以テ支辨スヘキ經費ノ豫算幷地方稅徵收ノ豫算ヲ立テ翌年度ノ定額トナシ其府縣會ノ議決ヲ取リ其年五月ヲ以テ內務卿及大藏卿ニ報告スヘシ其未タ府縣會ヲ設置セサル地方ハ直ニ內務卿及大藏卿ニ報告スヘシ

第五條　非常ノ費用ハ（豫算ニ立ツルヲ得サル天災時變ノ費用ヲ云フ）別ニ賦課スルヲ得ルト雖モ其府縣會ノ議決ヲ取リ內務卿及大藏卿ニ報告スルハ第四條ノ順序ニ從フヘシ其急施ヲ要ス

ル事項ハ施行シテ後報告スヘシ
但シ報告期限ハ第七條ニ依ル
第六條　地方税徴收ノ期限ハ府知事縣令適宜ニ之ヲ定ムヘシ
第七條　府知事縣令ハ毎年七月ニ至リ其一周年度間ノ出納ヲ計査シ精算帳及計表ヲ製シ内務卿及大藏卿ニ報告スヘシ且翌年通常會議ノ初メニ於テ之ヲ府縣會ニ報告スヘシ

○第三拾九号　明治十一年十二月二十日　太政官御布告

地方税中營業税雜種税ノ種類及ヒ制限左ノ通相定候條此旨布告候事

第一條　營業税分ツテ三類トス其税額第一類ハ金拾五圓以内トシ第二類ハ金拾圓以内トシ第三類ハ金五圓以内トス其目左ノ如シ
但シ國税アルモノヲ除ク

第一類　諸會社及諸卸賣商

第二類　諸仲買商
第三類　諸小賣商及雜商
第二條　雜種税ハ其種類ニ依リ各個ニ税額ヲ定ム其目左ノ如シ
船　明治七年第二十一号布告解漁船云々ノ分
車　馬車　人力車　荷積馬車　荷積大七大八車　荷積中小車
荷積牛車ノ類
國税ノ半額以内
諸市場演劇其他諸興行幷遊覽所　上リ高百分五以内
諸遊技場(玉突　大弓揚弓　射的　吹矢ノ類)
壹ヶ年金貳拾圓以内
料理屋(西洋料理屋共)　待合茶屋　遊船宿　芝居茶屋
人寄席　壹ヶ年金拾貳圓以内
質屋　兩換屋(爲替店共)　迴漕店
壹ヶ年金拾五圓以内

古着古金古道具類（書畫骨董店共）　旅籠屋　諸飲食店（饅屋）
鮓屋　蕎麥屋ノ類）　壹ヶ年金拾圓以内
湯屋　理髪床　雇人請宿　壹ヶ年金五圓以内
遊藝師匠　遊藝稼人　相撲　壹ヶ年金拾貳圓以内
俳優　壹ヶ年金六拾圓以内
幇間　藝妓　壹ヶ年金四拾貳圓以内
水車　壹ヶ年金五圓以内
乘馬（自用渡世共）　壹ヶ年壹頭ニ付金壹圓以内
屠牛　壹頭ニ付金五拾錢以内

第三條　漁業稅採藻稅ハ各地從來ノ慣例ニ依リ之ヲ徵收スヘシ若シ共借規ヲ改正シ又ハ新法ヲ創設セントスルモノハ府知事縣令ヨリ内務大藏兩卿ヘ禀議スヘシ

第四條　府知事縣令ハ府縣會ノ決議ヲ以テ第一條第二條類目中ニ於テ賦課スルモノヲ取捨スルコヲ得

第五條　府知事縣令ハ其賦課スヘキ各業ノ盛衰ヲ視察シ府縣會ノ決議ヲ以テ税額制限内ニ於テ各個ノ税額ヲ查定スヘシ

第六條　一軒内ニ於テ數種ノ營業ヲ爲スモノ又ハ卸賣仲買小賣ヲ兼ヌルモノハ其税額ノ最モ多キモノ壹個ノミヲ徴収スヘシ

第七條　凡ソ税額ハ壹ヶ年ヲ以テ其制限ヲ定ムト雖モ各地ノ便宜ニ依リ年額ニ準據シ日税月税トシテ之ヲ徴収スルコトヲ得

第八條　第四條第五條ニ於テ確定シタル課目課額ハ府知事縣令ヨリ内務大藏兩卿ニ報告スヘシ

○第二十貳号　明治十二年六月二十四日　太政官御布告

區會町村會ヲ開設セル地方ニ於テハ明治九年十月第百三十号布告金穀公借共有物取扱土木起功ノ事項ハ總テ該會議ニ付シ施行スヘシ此旨布告候事

〔備考〕

○第百三十号　明治九年十月十七日　太政官御布告

各區町村金穀公借共有物取扱土木起功規則自今左ノ通相定候條此旨布告候事

第一條　凡ソ一區ニ於テ金穀ヲ公借シ若クハ共有ノ地所建物等ヲ賣買スル時ハ正副區戸長幷ニ其區內毎町村ノ總代貳名ツヽノ內六分以上之ニ連印スルヲ要スヘシ

第二條　凡ソ町村ニ於テ金穀ヲ公借シ若クハ共有ノ地所建物等ヲ賣買スル時ハ正副區戸長幷ニ其町村內不動產所有ノ者六分以上之ニ連印スルヲ要スヘシ

但右不動產所有者ヨリ其總代ヲ撰ンテ之カ代理タラシムルハ其都合ニ任スヘシ

第三條　凡ソ區內若クハ町村內ニテ土木ヲ起功スル時ハ其區ト町

村ナルトニ随ヒ各第一條若クハ第二條ニ倣フヘシ

第四條 若シ第一條第二條及第三條ニ指示セル場合ニ於テ唯正副區戸長ノ印ノミヲ鈐シ其須要ナル連印ナキモノハ總テ之ヲ該區戸長限リノ私借若クハ私ノ土木起功ト看做スヘシ其正副區戸長ノ印ノミヲ以テ共有ノ地所建物等ヲ賣買シタル者ハ總テ賣買ノ効ヲ有セス

○第三十号　明治十一年七月廿二日　太政官御達　府縣

今般第十九号布告ノ通地方税ヲ以テ支辨スヘキ費目相定候ヘトモ右費目中官費支出ニ係ル者ハ猶從前ノ通下ケ渡スヘク候條此旨相達候事

○太政官　番外御達　明治十一年七月廿二日　府縣

今般第十七号第十八号第十九号ヲ以テ郡區町村編制府縣會規則地方税規則布告候ニ就テハ施行ノ順序左ノ通相心得ヘシ此旨相達候事

一從前地方區畫區々ニ有之不都合不少候處今度郡町村ノ制一途ニ被定候ニ就テハ各地方速ニ改正スヘシト雖モ其組替一時ニ難行届事情ノ向ハ實地都合ニ應シ漸次引直シ民間ノ混雜ヲ成サヽル樣注意ヲ加フヘシ又從前大小區ノ外組合町村ノ仕法致シ來リ候分或ハ從前郡區ノ積金又ハ共有財産ノ其性質地方一般ノ事ニ當ツヘキモノ

ニアラサル分等ハ元來行政區畫ノ事ニ關セサル者ニ付其人民ノ便宜ニ任スヘシ

二郡町村ノ區域ハ總テ舊ニ依ルト雖郡ノ境界錯雜シ又ハ地形不便ナル者ヲ組替ヘ及ヒ町村ノ飛地ヲ組替フル等不得止分ハ地方長官ヨリ内務卿ニ具狀シ其許可ヲ受テ施行スルコヲ得ヘシ其大郡ヲ畫シテ數郡トシ及ヒ市街ノ區制ヲ定ムルハ政府ノ裁定ヲ仰クタメ地方長官ニ於テ取調ヘ内務卿ニ伺出ヘシ

三郡村制置ノ外都府港市ノ地人民輻湊貿易繁昌ノ所ハ郡村ト其利益情態ヲ異ニスルヲ以テ一般ノ郡政ト概行スヘカラス故ニ郡ニ拘ラス別ニ區トナシ市政ヲ以テ治ムルヲ要スヘシト雖其郡ヲ變更シテ更ニ某區ヲ置クニアラス卽チ某郡ニシテ其中ニ某區アルアリ又某區某々ノ郡ニ跨ルアル等地理上ニ於テハ總テ舊ニ依ラシムヘシ又市井一圓ヲ以テ一區トシテ統治スヘキアリ或ハ其廣濶ニシテ統治ニ難キヲ以テ分テ數區トナスアル等各地ノ便ニ從フヘシ其分テ數

區トスル者或ハ第一區第二區ト稱シ或ハ某區（其地方固有ノ名稱ヲ用ユルカ如シ）ト稱スル等其便ニ從フ要スルニ制度ニ拘ハリ便宜ヲ妨ケサル樣心得ヘシ

四三府及其他市街ノ區及各町村ハ其地方ノ便宜ニ從テ町村會議又ハ區會議ヲ開キ及ヒ地方税ノ外人民協議ノ費用ハ地價割戸數割又ハ小間割間口割歩合金等其他慣習ノ舊法ヲ用ユルヿ勝手タルヘシ但シ町村會區會ノ章程規則ヲ制定スル分ハ内務卿ニ届出認可ヲ受クヘシ

五地方ノ事情ニ因リ府縣會開設ノ緩急モ可有之ニ就キ開否共地方長官ノ意見ヲ以テ内務卿ニ具申スヘシ

六議員ノ員數郡區ノ大小ニ應シ均一ナラサルヘキニ就キ初度ノ選擧ニ於テハ地方官ノ見ル所ヲ以テ各郡區ノ多寡ヲ定メ更ニ議會ノ議ニ付シ其第二度選擧（即初度選擧ヨリ第三年）ヨリハ議會ノ議決スル所ノ員數ニ從フヘシ

七地方税規則ニ依リ改正スルハ明治十一年度ヨリ施行スルモ十二年度ヨリ施行スルモ各府縣長官ヨリ内務卿ニ具申シテ便宜ニ從フヘシ但十二年度ヲ越ユルヲ得ス

八地方税從前地所割戸數割相半シ或ハ地所幾歩戸數幾戸ニ課スル等各地方ノ慣習一樣ナラサル者一切各地方ノ便宜ニ從ハシムヘシ

九營業税及雜種税ハ別段ノ布告ニ從テ各定分アリ該年度費用ノ多寡ヲ以テ增減アルヿナカルヘシ故ニ地方税ノ豫算ハ其營業税雜種税ノ徵收額ヲ除クノ外其他地價割戸數割ヲ以テ賦課スルハ其年度ノ費用ニ從ヒ增減アルヘシ

十定リタル地方税費目ノ外猶地方ノ要用ニ屬スル項目アルトキハ内務卿ヲ經テ陳請シ特ニ政府ノ裁定ヲ仰クヘシ

十一戸長ハ行政事務ニ從事スルト其町村ノ理事タルト二樣ノ性質ノ者ニ付其費用ノ地方税ヲ以テ支辨スヘキト町村又ハ區限協議費ヲ以テ支辨スヘキトハ其事務ニ就キ區分スヘシ

十二地方税ヲ以テ支辨スヘキ事件ト町村又ハ區限ノ協議費ヲ以テ支辨スヘキ事件トノ區分ハ凡ソ地方一般ノ利害ニ關スヘキモノハ地方税支辨ノ部ニ屬シ其町村限區限又ハ數町村共同ノ利害ニ係ルモノハ其町村又ハ區内限協議費ノ支辨ニ屬スヘシ

○第三十二号　明治十一年七月廿五日　太政官御達　府縣

明治八年第二百三号達府縣職制幷事務章程ヲ廢シ府縣官職制別冊ノ通リ被定候條此旨相達候事

府知事　一人　縣令　一人

第一　府知事縣令ハ部内ノ行政事務ヲ總理シ法律及政府ノ命令ヲ執行スルコトヲ掌ル

第二　府知事縣令ハ内務卿ノ監督ニ屬スト雖モ各省主任ノ事務ニ就テハ各省卿ノ指揮ヲ受ク

第三　府知事縣令ハ法律及政度ノ命令ヲ執行スル爲ニ要用ナリトスル片ハ其實施ノ順序ヲ設ケテ部内ニ布達シ及其適宜處分ヲ許サレタ其事件ニ就テハ規則ヲ設立シテ部内ニ布達スルヿヲ得而メ發行ノ後ヲ直サニ各省主務ノ卿ニ報告スヘシ

第四　府知事縣令ノ布達若クハ處分法律若クハ政府ノ命令ト相背キ又ハ權限ヲ侵シタルトキハ太政大臣若クハ各省主務ノ卿ヨリ取消ヲ命セラルヽヿアルヘシ

第五　府知事縣令行政事務ニ就キ主務ノ卿ニ稟請シ指揮ヲ待テ處分スヘキ者ハ別ニ定ムル規則ニ從フヘシ

第六　府知事縣令ハ地方稅ヲ徵收シテ部内ノ支費ニ充ツルヲ得而シテ其豫算決算ヲ具ヘテ内務卿大藏卿ニ報告スルヲ要ス其府會縣會アル地方ハ之ヲ會議ニ付スヘシ

第七　府知事縣令ハ屬官ヲ判任進退シ其分課ヲ命ス

第八　府知事縣令ハ郡長以下郡ノ吏員ヲ判任進退シ郡務ヲ指揮監

督ス
第九　府知事縣令ハ非常事變アレハ鎮臺若クハ分營ノ將校ニ通議シテ便宜處分スルヿヲ得
第十　府知事縣令ハ府會縣會ヲ召集シ及ヒ其會議ヲ中止スルヿヲ得
第十一　府知事縣令ハ議案ヲ發シテ府會縣會ニ付シ決議ノ後之ヲ認可シ或ハ認可セサルヿヲ得
大書記官　少書記官
府ハ大小各〻一員ヲ置キ縣ハ大小ノ內一人ヲ置ク開港所ノ縣事務繁劇ナルハ上請ニ依リ府ト同ク各〻一員ヲ置クヿヲ許ス
第一　書記官ハ府知事縣令ヲ輔ケテ部內ノ行政事務ヲ參判スルコトヲ掌ル
第二　府知事縣令不在ノ時又ハ事故アルトキハ書記官ハ代理ノ任ヲ受ク
屬（一等ヨリ十等ニ至ル）
屬ハ事ヲ府知事縣令ニ受ケ庶務ヲ分掌ス

警部（一等ヨリ十等ニ至ル）

警部ハ事ヲ府知事縣令ニ受ケ管内ノ警察ヲ掌ル

郡長（八等相當）一人

第一　郡長ノ俸給ハ地方税ヨリ支出ス一月八十圓以下各地方ノ便宜ニ從ヒ府知事縣令之ヲ定ム

第二　郡長ハ該府縣本籍ノ人ヲ以テ之ニ任ス

第三　郡長ハ事ヲ府知事縣令ニ受ケ法律命令ヲ郡内ニ施行シ一郡ノ事務ヲ總理ス

第四　郡長ハ法律命令又ハ規則ニ依テ委任サルヽ條件及府知事縣令ヨリ特ニ分任ヲ受クル條件ニ付キ便宜處分シテ後ニ府知事縣令ニ報告ス

第五　郡長ノ處分不當ナリトスル片ハ府知事縣令ヨリ取消ヲ命セラルヽコアルヘシ

第六　郡長ハ町村戸長ヲ監督ス

郡書記（十等ヨリ十七等ニ至ル）定員ナシ
郡書記ノ俸給ハ地方税ヨリ支出ス一ヶ月二十圓以下府知事縣令ノ適宜ニ定ムル所ニ從フ其選任進退ハ郡長ノ具状ニ依リ府知事縣令ノ命スル所タリ
市街ノ地ニ置ク所ノ區長并書記ハ總テ郡長郡書記ニ同シ府縣ノ事務主務ノ省ニ稟請シテ後ニ處分スヘキ者ハ左ノ件々トス
第一　郡ヲ分チ及數郡ニ一郡長ヲ置キ及區ヲ定ムル事
第二　郡區經界ノ組替及町村ノ飛地組替ノ事
第三　官給ニ係ル經費ヲ豫算シ一歳ノ常額ヲ定ムル事
第四　例規ナキ官金出納ノ事
第五　官金管守ノ規則及爲替又ハ預ケノ方法ヲ設クル事
第六　府縣官舍及監獄ヲ新ニ建築スル事
第七　水旱災ニ罹リシ者ノ租税延納ヲ許ス事
第八　水火災ニ罹リ家屋蕩盡スル者租税皆濟期限後二ヶ月以外延期

ノ事

第九　地種變換ノ事

第十　土地ノ變替ニ依リ地租ヲ減スル事

第十一　地價ヲ撿シテ租額ヲ定ムル事

但潰地荒地起返シ又ハ開墾地年期明ニ至リ租額ヲ定ムルハ此限ニ在ラス

第十二　河港道路堤防橋梁開墾等ノ類他管ニ關渉スルモノ及定額外官費ノ支出ニ係ル土切ヲ起ス事

第十三　諸貸下金返納期限六ケ月以外ノ延期ヲ許可シ又ハ之ヲ棄捐スル事

第十四　官林伐採ノ事

但治水修路ノ爲メ三等官林ノ竹木ヲ用ユルハ此限ニ在ラス

第十五　官地官宅及其木石ヲ賣却スル事

第十六　酒類ノ稅率ニ用ユル價ヲ定ムル事
第十七　官用ノ爲メ土地ヲ買上ル事
第十八　社寺除稅地ノ境域ヲ更正スル事
第十九　官林拂下ノ事
第二十　官民有禁伐林ノ事
第廿一　森林地及竹木官民有ノ區別ヲ定ムル事
第廿二　鑛山借區境界ノ事
第廿三　鑛山借區稅猶豫並減免ノ事
第廿四　坑法違犯ノ者處分ノ事
第廿五　舊金銀貨及通貨損傷ノモノヲ交換スル事
第廿六　外國人內地旅行ノ事
第廿七　外國人居留地外住居ノ事
第廿八　居留地々所外國人ヘ競貸ノ事
第廿九　內外人結婚願ヲ許可スル事

第三十　學校補助金ヲ例規外支消スル事

第三十一　私立學校ヲ停止スル事

第三十二　府知事縣令ノ名ヲ以外國人ト條約ヲ結フ事

第三十三　府知事縣令ノ名ヲ以官金辨償トナルヘキ貸借ノ契約ヲナス事

第三十四　例規ナキ恩典ヲ施行スル事

一在官省諸指令ヲ以專任サレタル事件並ニ定規成例アルノ事件ハ地方官各自ノ責任ヲ以テ處分シ上司ニ稟請スルノ例ニ在ラス其例規ニ依リ難キ事情アリテ特別ノ處分ヲ要スルモノニ限リ理由ヲ具シテ申請スルヲ得

一諸會社設立願　諸鑛開採願　圖書板權願　賣藥願等ノ條例規則ニ依リ地方官ヲ經由スル者ハ府縣掌管ノ事務各省ニ稟請スルノ類ト同シカラサルヲ以テ知事令ハ事實ヲ公証スル爲ニ奧書若クハ加印シテ主務ノ省ニ差達スルモノトス

一闔後發行スル法律規則中ノ條件府縣長官ノ上司ニ稟請シテ然ル後處分スヘキモノハ毎件明文ヲ掲クヘシ

一事重大ニ關シ例規ナキモノ及非常ノ事件ヲ除クノ外凡ソ地方ノ常務前條々ニ掲載セサル條件ハ地方長官ノ便宜處分シテ後ニ報告スルヲ許ス

戸長職務概目

第一　布告布達ヲ町村内ニ示ス事

第二　地租及諸税ヲ取纏メ上納スル事

第三　戸籍ノ事

第四　徴兵下調ノ事

第五　地所建物船舶質入書入幷ニ賣買ニ奥書加印ノ事

第六　地劵臺帳ノ事

第七　迷子捨兒及ヒ行旅病人變死人其他事變アルトキハ警察署ニ報知ノ事

第八　天災又ハ非常ノ難ニ遭ヒ目下窮迫ノ者ヲ具狀スル事
第九　孝子節婦其他篤行ノ者ヲ具狀スル事
第十　町村ノ幼童就學勸誘ノ事
第十一　町村內ノ人民ノ印影簿ヲ整置スル事
第十二　諸帳簿保存管守ノ事
第十三　官費府縣費ニ係ル河港道路堤防橋梁其他修繕保存スヘキ物ニ就キ利害ヲ具狀スル事
右ノ外府知事縣令又ハ郡區長ヨリ命令スル所ノ事務ハ規則又ハ命令ニ依テ從事スヘキ事
其他町村限リ道路橋梁用惡水ノ修繕掃除等凡ソ協議費ヲ以テ支辨スル事件ヲ幹理スルハ此ニ揭クル所ノ限ニ在ラス
地方ノ事務郡區長ニ於テ處分シテ後知事令ニ報告スルヲ得ルモノ左ノ件々トス
第一　徵稅幷地方稅徵收及不納者處分ノ事

第二　徵兵取調ノ事
第三　身代限財産取扱ノ事
第四　逃亡死亡絶家ノ財産處分ノ事
第五　官有地ノ倒木枯木ヲ賣却スル事
第六　電線道路田畑水利ニ障碍アル官有樹木ヲ伐採スル事
第七　河岸地借地檢査ノ事
第八　職遊獵願威銃願ノ事
第九　印紙罫紙賣捌願ノ事
第十　小學校學資金ノ事
右ノ外府知事縣令ヨリ特ニ委任スル條件
○第三十五号　明治十一年八月三日　太政官御達　府縣
明治九年第七十五号達縣官任期例左ノ通改定候條此旨相達候事

府縣官任期例

凡ソ府知事縣令ニ任ズル者ハ一任拾二年トス毎三年壹期トス毎期其治績ヲ考ヘ職ニ稱フ者ハ乃チ後期ヲ續カシム

初メテ府知事縣令ニ任スル者ハ月俸貳百圓ヲ給シ職ニ稱フ者ハ三年毎ニ月俸五十圓ヲ加フ九年ニ至リ勅任トナス拾貳年任滿ルノ後仍ホ任ヲ續クコトヲ得　但シ俸ヲ加ヘス十二年ニ滿チ任ヲ辭スル者ハ常法ノ滿年賜金ニ換ヘ月俸十倍ノ金ヲ賞賜ス其十二年以前他官ニ在リシ者ハ前任ノ年間ハ常法賜金ニ依ル其十二年ヲ踰ヘ仍ホ任ニ居ル者ハ猶ホ其十二年ノ後ノ任間一年毎ニ一月俸金ノ半ヲ賜フコト定法ニ依ル

書記官ハ任期ナシ但シ三年毎ニ其勤怠ヲ考ヘ其勉勵衆ニ超ユル者ハ一月俸金ヲ賞賜ス屬官ハ一年毎ニ其勤怠ヲ考ヘ其勉勵衆ニ超ユル者ハ一月俸三分一ノ金ヲ賞賜ス

現ニ府知事縣令タル者ハ本例發行以前本任ノ年數ハ任期ヲ追算スルコト本例ニ依ル其他府縣ノ知事令ヨリ轉任シタル者及ヒ曾テ府縣ノ正權知事令タリシ者ハ並ニ其前任ノ年數ヲ以テ任期ヲ追算スルコト亦本例ニ依ル

他官ヨリ府知事縣令ニ轉任スルモノ初期ノ例ヲ以テシ順次期ヲ逐フコト本例ニ依ル

○第四十五號　明治十一年十月廿五日　太政官御達　府縣

本年七月第三十二號達府縣官職制中左之通改正候條此旨相達候事

郡書記（十等ヨリ十七等ニ至ル）定員ナシ

郡書記ノ俸給ハ地方稅ヨリ支出ス其額ハ府知事縣令ノ適宜ニ定ル所ニ從フ其撰任進退ハ郡長ノ具狀ニ依リ府知事縣令ノ命ル所タリ

○第四十八号　明治十一年十一月廿二日　太政官御達　官省院使府縣

勅任ノ府知事縣令ハ三等官ニ被定候條此旨相達候事

○第五十三号　明治十一年十二月十六日　太政官御達　府　縣

戸長職務ニ勉勵スル者ハ一ヶ月給料ノ高ヲ超ヘサル金額ヲ以テ賞賜スルヲ得但其費用ハ地方税ヨリ可支出者トス此旨相達候事

○第六号　明治十二年二月七日　太政官御達　府　縣

明治十一年第十九号布告地方税費目第十項管内限諸達書及揭示諸費並郡區役所ニ設置スル布告類揭示場新築修繕諸費ノ儀ハ從來官費ニ係ル部分ト雖モ自今地方税ヨリ支辨ス可シ此旨相達候事

○第九号　明治十二年二月十四日　太政官御達　府　縣

布告達類頒布員數ノ儀明治八年第百六十三號ヲ以テ相達置候處自今

左ノ通改定候條此旨相達候事

布告

本廳　拾部　支廳　貳部宛　郡區役所　貳部宛　警察所　一部宛（但警察分署ト稱スル分ハ之ヲ除ク）

達

本廳　拾部　支廳　貳部宛　郡區役所　壹部宛　右ノ外各郡區ニ於テ謄寫或ハ鏤刻シテ適宜頒布ノ分ハ官費ニ不相立候事

○第拾号　明治十二年二月十四日　太政官御達　省使

布告達類頒布員數ノ儀別紙ノ通第九號ヲ以テ府縣ヘ相達候條各廳布達ノ儀モ右ニ準シ頒布可取計此旨相達候事

○乙第五十四号　明治十一年八月廿六日　内務省御達　府　縣
戸長ハ其町村人民ニ於テ可成公撰セシメ必府知事縣令ヨリ辭令書可相渡此旨相達候事
但シ辭令書授附ノ式及ヒ公撰方法等ハ地方適宜ニ定ムヘキ事
○乙第六十二号　明治十一年十月四日　内務省御達　府　縣
布告布達類掲示場設置之儀左之通相心得不用之分ハ拂下可取計此旨相達候事
但不用掲示場民費建設ニ係ルモノハ人民ヘ下渡官民兩費ニ渉ルモノハ拂下之上其費途支出之割合ヲ以分配候積可取計事
一掲示場ハ本廳及郡區役所共廳門外便宜之地ヲ撰ヒ壹箇所宛設置スヘシ　但從前掲示ヲ要セサル地方ニ在テハ故ラニ設置ニ及ハス尤人民協議ヲ以各町村ニ設置スルト警察署於テ掲示スル達式註達

札類ハ此限ニ非ス
一従前建設スル掲示場郡區役所最寄町村之内設置有之分ハ追テ各廳ヘ移轉之積相心得目今新設ニ及ハス破損等アルニ臨ミ最寄之廳ヘ移轉シテ修繕スヘシ
一本廳其他各廳ヘ設置スヘキ員數ヲ差繰リ人民輻湊之地ヘ建設スル等其地之便宜タルヘシ

○乙第七十一号　明治十一年十一月十一日　内務省御達　府　縣

本年第十八号布告中左ノ條々處分方心得ノ爲メ相達候事

第十一條　議長副議長云々其議長ヲ選擧スル會議ハ議員ノ中合ヲ以假議長ヲ選ムベシ

第十一條　第十二條議長議員ノ旅費日當及ヒ書記ノ俸給旅費日當ハ直チニ會議ニテ議定セシムベシ

但シ縣廳ヨリ其ノ額ヲ假定シ議會ニ付スルモ妨ケナシ

第十三條　第十四條議員及選擧人タルヘキ者ノ年齡ハ選擧會期月マデヲ通算スヘシ

第十七條　但書投票ハ代人云々ト有レトモ町村戸長ハ代人トナス可ラス

○乙第七十二号　明治十一年十一月十一日　内務省御達　府縣

本年第十九号布告中左ノ條々處分方心得ノ爲メ相達候事

第三條　第十二項戸長ニ附屬スル用掛筆生手傳人等ヲ雇フトキハ郡區長ノ許可ヲ得戸長ニ於テ申付可シ

但給料等ハ府知事縣令適宜決定スヘシ

○乙第七十三号　明治十一年十一月十一日　内務省御達　府縣

本年第三十二号公達中左ノ條々處分方心得ノ爲メ相達候事

府縣ノ事務主務ノ省ヘ稟請シテ後處分スヘキ條目中第三十項ニ掲載スル學校補助金云々ハ全ク文部省ヨリ下付ノ補助金ノミヲ云フ地方税費目中第五項ノ府縣立學校費及ヒ小學校補助費ト混セサルヘシ
郡書記職制中郡書記ノ等級ハ一般官等ニ相當スル者ニ付其辭令書ニハ何等相當ノ旨ヲ付シテ可申付別ニ何等書記ノ名義ヲ付スルヲ得ス
郡區長不參ノ節ハ書記ヲシテ代理セシムルモ苦シカラス
郡區長及ヒ書記ハ府知事縣令ニ於テ任期例ニ準據シ一ケ年職務勉勵拔群ノ者ニハ賞譽スルヿヲ得ヘシ其費額ハ地方税ヲ以テ支給スヘシ
郡區長及ヒ書記ノ出張旅費等ハ府知事縣令ノ見込ヲ以テ適宜ニ之ヲ定メ地方税ヨリ支辨スヘシ

○乙第七十四号　明治十一年十一月十一日　內務省御達　府　縣

本年七月廿二日番外公達中處分方心得ノ為メ相達候事

町村限ノ土木起功共有物等ノ取扱ハ其町村會議アル地方ニ於テハ其會議ニ於テ決定スヘシ

町村會ニ於テ其町村共有物ニ關スル規約ヲ議定シ府知事縣令ノ認可ヲ請フトキハ其不都合ナキ者ハ府知事縣令之ヲ認可シ所轄裁判所ニ通牒スヘシ

○乙第七十五号　明治十一年十一月十二日　内務省御達　府　縣

本年第十九号公布中左ノ條々處分方心得ノ爲メ相達候事

地方税規則改正ニ先立テ郡區町村制及ヒ府縣會規則ニ着手スルトキハ右實施ノ日ヨリ地方税規則改正ニ至ル迄ノ經費（郡區町村制府縣會ニ要スヘキ一切ノ費用ヲ云フ）ハ地方税ノ規則ニ比附シ府縣税地價割戸數割等ヲ以テ支辨スヘシ

從前ノ府縣税賦金遣ヒ拂ノ都合ニヨリ前年徴收スルモノヲ以テ翌年ノ費用ニ充テ候樣相成來リ候分ハ地方税規則改正ノ際豫算相立候節是迄ノ仕來リニ由リ昨年徴收スルモノヲ以テ今年ノ費用ニ組込ムコヲ得ヘシ

地方税規則ハ本年度ノ中途ト雖モ改正スルコヲ得ヘシ

○乙第七十六号　明治十一年十一月十五日　内務省御達　府縣

本年第十八号公布中左ノ條々處分方心得ノ爲メ相達候事

第十條　府縣會議員ハ郡區ノ大小云々其一郡ヨリ出ス所ノ議員共ニ議長副議長ニ選ハルヽコアルモ議長ハ其郡ノ議員タル本分ヲ失フモノニ非サレハ更ニ議員ヲ補選スルニ及ハス

第十三條　府縣ノ議員タルヲ可得者云々第十四條議員ヲ選擧スルヲ可得者云々此二ケ條ニ定ムル限内ノ者ハ戸主ニ非スト雖

議員トナリ及議員ヲ撰擧スルヿヲ可得

第十四條　議員ノ欠ヲ補フ爲メ選ハレタル議員ノ任期ハ其補フ所ノ先議員ノ選ハレタル年ヨリ通算スヘシ

○乙第七十八號　明治十一年十一月廿五日　内務省御達　府縣

本年第三拾二號公達中左ノ處分方心得ノ爲メ相達候事

一府縣官職制ニ據リ郡區長ニ於テ其擔任ノ事件ヲ施行スル文書ニハ郡區長ノ名印ヲ用ユヘシ人民ヨリ指出ス願伺書等其郡區長ノ擔任ノ事件ニ係ル者ハ亦郡區長ノ名宛ヲ用ヰシム可シ

但郡區長及書記ノ官名印ハ地方税ヲ以テ彫刻セシムヘシ

一從前府縣廳ニ於テ取扱タル諸營業鑑札自今郡區役所ニ委任シ取扱ハシムル者ハ郡區役所ノ名ニ改ムヘシ

但賣藥營業鑑札等ノ如キハ是迄ノ通ト心得ヘシ

一郡區長及書記職務上ノ過失アラハ官吏懲戒例ニ依リ處分スヘシ

一郡區長及ヒ書記ノ任免等ハ府縣吏同樣ニ其姓名幷給料等其都度屆出ツ可シ

一郡區役所ニ於テ採用スル諸員ハ(用掛筆生等)準等ナキモノト心得ヘシ

但戶長ノ等級ハ從前ノ通リタルヘシ

一戶長職務ノ概目第五項ニ地所建物船舶質入書入幷ニ賣買ニ奧書加印ノ事ト有之右ハ七年當省乙第三十三号達ノ通リ奧書証印ハ戶長ノ實印ヲ押シ割印ハ戶長役所印ヲ相用井若シ數町村ニ戶長一員ヲ置クトキハ其役所印ノ冠字ハ戶長ノ管理スル所ノ各町村名ヲ列記ス可シ

○乙第七十九号　明治十一年十一月廿八日　內務省御達　府　縣

本年第十九号公布中左ノ條々處分方心得ノ爲メ相達候事

一地方税ヲ不納スルモノ十年第七十九号公布ニ據リ財産公賣徴收スルモ猶不足スル旪ハ其欠額ハ管内一般ノ損失トシ賦課スヘシ

一地方税年度尾ニ至リ其一年度間ノ出納實費ニ就キ殘額アル時ハ之ヲ翌年度ニ繰越スヘシ若シ一年度間ノ出納實費ニ就キ不足ヲ生スル旪ハ翌年度分ヲ以テ其欠ヲ補フヘシ

○乙第八十号　明治十一年十二月四日　内務省御達　府　縣

本年第十七号公布及ヒ第三十二号公達中左ノ條々處分方心得ノ爲メ相達候事

一第十七号公布第六條毎町村ニ戸長一員ヲ置ク云々右戸長旅行病氣忌引等ニテ不在ノ節ハ用掛筆生又ハ手傳人等ヲ以テ其職務ヲ取扱ハシムルヿヲ得

一第三十二号府縣官職制中郡區長ニ於テ處分ノ後報告スル條件及府知事縣令ヨリ特ニ委任スル條件ヲ除ク外部下人民ノ願伺書等ハ長官宛ニテ差出サスヘシ其郡區役所ヲ經由スルト否サルトハ地方ノ便宜ニ從フ可シ

一郡區吏員任免ノ際赴任或ハ飯鄕又ハ其申付ノ節居住地ヨリ本廳迄出頭スル旅費ハ地方税規則第三條第七項ニ照準シ其給額ハ府知事縣令ニ於テ適宜ニ制定ス可シ

一郡區長書記ハ一般ノ官吏ト同ク商賈ノ營業相成サル儀ト心得ヘシ

一戸長ノ職務行政事務ヲ取扱フニ當リ過失アラバ官吏懲戒例ニ依リ處分スヘシ

○乙第八拾壹号　明治十一年十二月四日　内務省御達　府　縣

本年第三十二号公布中左ノ條項處分方心得ノ爲メ相達候事

一郡長職制中第六項ニ郡長ハ町村戸長ヲ監督ス云々郡長ハ行政事務委任ノ權內ニ付テハ戸長ニ命令スルノ權アリト心得可シ
一郡區長ノ席順ハ拜命ノ前後ニ依テ定ム可シ

○乙第八十二号　明治十一年十二月九日　內務省御達　府　縣

本年第三十二号公達中左ノ條々處分方心得ノ爲メ相達候事

一郡區長郡區書記ノ滿年賜金ハ地方稅ヨリ支給スヘシ
一府縣官ヨリ郡區長郡區書記ニ轉任スル者並ニ郡區長郡區書記ヨリ府縣官ニ轉任スル者ハ各々其原任ノ勤續ニ依リ其際一旦打切滿年賜金ヲ給スベシ

○乙第八十三号　明治十一年十二月十一日　內務省御達　府　縣

地所建物船舶等質入書入及ヒ賣買スルニハ町村戸長ノ公証ヲ要スル

成規ノ處町村戸長ニシテ自分所有ノ地所建物船舶等質入書入及ヒ賣買セントスル片ハ戸長次席ノ役ヲ勤ムル者（用掛筆生手傳人等）ニ取扱ハセ公証ノ割印ハ戸長役塲ノ印ヲ用井其由ヲ割印帳ニ登記シ置ク可シ此旨相達候事

○乙第八十四号　明治十一年十二月十三日　内務省御達　府縣

本年第十九号公布中左ノ條々處分方心得ノ為メ相達候事

一是迄府縣税支拂為換方ヘ府縣税ヲ以テ給料支給シタル分地方税施行ノ上モ同様取扱ハスキニ就テハ右給料ハ地方税費目第七項郡區役所諸費ノ内ヨリ支出スヘシ

但郡區役所ニ為換方ヲ置ク節モ本條ノ通タルヘシ

一地方税費目中第十二項戸長以下給料云々戸長給料ノ額ハ府知事縣令ノ權ヲ以テ適宜ニ之ヲ定ムベシト雖モ戸長職務取扱諸費ハ府縣

會ニ付シ其多寡ヲ議定スルヲ得セシムヘシ

○乙第八十五號　明治十一年十二月十六日　內務省御達　府　縣

本年第三十二號公達中左ノ條々處分方心得ノ爲メ相達候事

一凡ソ府知事縣令ヨリ專任ヲ得タル條件ニ付郡區長ヨリ人民ニ許可ヲ予フル者ハ郡區長ノ名ヲ以テシ其免許鑑札モ郡區長ノ名ヲ以テスヘシ

但當分在來ノ分ハ舊鑑札ヲ用ユルモ妨ケス

一町村戶長ノ役塲ハ其町村ノ便宜ニヨリ私宅ニ於テ事務ヲ取扱ハシムルモ苦シカラス

○乙第八十六號　明治十一年十二月廿日　內務省御達　府　縣

本年第拾八號布告中左ノ條々心得ノ爲メ相達候事

一已ニ議員ニ擧ラレタル者ト雖モ在任中其所有ノ地租減少シテ成規ノ高ニ及ハサル片ハ退任セシムヘシ

一議員及選擧人トナルヲ得ヘキ者其所有地ヲ質入書入トナスモ所有權ヲ移轉スルニ非ザルヲ以テ仍ホ議員及選擧人トナルノ權ヲ失フコナシ

一新律綱領頒布後徒一年以上ノ刑ニ處セラレタル者ハ第拾三條第二欵ニ依リ議員タルコヲ得ス

○内務省　正院

明治十二年一月廿五日

明治十一年乙第八拾五号當省達第一項中ニ郡區長ヨリ人民ニ許可ヲ予ル者ハ郡區長ノ名ヲ以テシ其免許鑑札モ郡區長ノ名ヲ以テスヘシト有之候處名ノ字ハ權ノ字ノ誤ニ候條此段及御通達也

但鑑札署名ハ同年乙第七十八号達第二項ノ通候

○乙第四号　明治十二年一月廿一日　内務省御達　府　縣

客年三月當省乙第二十五號ヲ以テ地租改正未濟ノ土地ハ假定ノ租額ニ據リ五分ノ一賦課致シ其消費候民費ハ改正濟ニ至リ租額ニ照シ指引精算ニ及ハサル旨相達置候處地方税施行之府縣ハ其施行之日ヨリ客年第拾九号公布ノ制限ニ照準シ追テ改租濟之上決算指引可致儀ト可心得此旨相達候事

○乙第六号　明治十二年一月廿八日　内務省御達　府　縣

客年第十八号布告第十三條第四款ニ就キ准官吏ハ官吏ト同シク被選人タルヿヲ得サル儀ト心得ヘシ此旨相達候事

○乙第七号　明治十二年二月十日　内務大藏兩省御達　府　縣

娼妓貸座敷賦金ノ義ハ地方税中ニ属スルモノニ無之候得共從前ノ通

府縣ニ於テ適宜徴收支出シ年度限リ徴收高及ヒ仕拂表ヲ製シ内務大藏兩省ヘ屆出ツヘシ此旨相達候事

○乙第十三号　明治十二年三月廿四日　内務省御達　府　縣

明治十一年三拾二号公達ニ付左ノ條次處分方心得ノ爲メ相達候事

一官林貸渡ハ官林伐採土石賣却ニ準シ稟請スヘシ

一部分木拂下ハ官材木ニ準シ稟請スヘシ

一郡長職務中ニ掲載アル官有樹木ヲ代採スルハ電線ヲ犯シ道路ヲ妨ケ田畑上ニ横出シ提脚ヲ動撼スルノ類總テ直接ノ障害ヲ爲スモノニ限ルヘシ

○乙第十七号　明治十二年四月四日　内務大藏兩省御達　府　縣

客年第三十九号公布中各業ノ者ヘ鑑札下附候儀ハ不苦ト雖モ鑑札料

手數料等ハ收入不致儀ト可相心得此旨相達候事
但シ鑑札下付之費用ハ警察上ヨリ下附スルモノハ警察費ヨリ支辨シ收税上ヨリ下附スルモノハ地方税廳中費ヨリ支辨可致儀ト可相心得事

○乙第十八号　明治十二年四月十六日　內務省御達
東京警視本署府縣（東京府ヲ除ク）
府縣會議員犯罪ノ廉有之拘引ヲ要スルトキハ其會塲內ニアル片ハ議長ノ承諾ヲ得タル上拘引可致此旨相達候事

○乙第二十九号　明治十二年六月廿五日內務省御達　府縣
明治十一年太政官第三十二号達府縣ノ事務主務省ニ稟請スヘキ條欵第九第十五ニ關係アル土地處分ノ內左ノ件々委任候條其府縣限リ處分ノ後當省ヘ可屆出此旨相達候事

市街宅地接續ニテ一區域ノ宅地ヲ爲スニ足ラサル間地ヲ賣却スル事

耕地宅地ニ非サル民有地ヲ共葬墓地ニ撰定スル事

既成開墾ニ係ル地所ヲ例規ニ照シ素地相當代價ヲ以テ拂下ル事

　但河岸ノ寄附洲及ヒ森林ニ係ル地所ハ此限ニアラス

報時鐘鼓アル敷地ヲ例規ニ依リ拂下ル事

官有ノ社寺境内ヲ例規ニ依リ民有地ニ下渡ス事

廢合寺院跡地ヲ例規ニ依リ處分スル事

公立ノ中小學校ヲ建設スルニ臨ミ其敷地ヲ例規ニ依リ附與スル事

民有地ノ用惡水路溜池敷并溝敷地與廢處分スル事

　但シ河身ニ關係アル用惡水路ハ此限ニアラス

社寺境外上地ヲ例規ニ依リ拂下ル事

　但シ森林ニ係ル地所ハ此限ニアラス

社寺境外上地ノ分其ノ所有者ヲ例規ニ依リテ定ムル事

但森林ニ係ル地所ハ此限ニアラス
社寺境外ニ屬スル舊神官僧侶舊修驗從來ノ居住地ヲ例規ニ依リ處分スル事

○乙第七拾貳号　明治十一年十二月廿八日　大藏省御達　府　縣

本年第十七号布告ヲ以テ郡區村町編制法被定第三十二号公達ヲ以テ徴税ノ儀郡區長ニテ取扱候ニ付テハ國税金領収順序別紙ノ通相定候條此旨相達候事

國税金領収順序

一税金領収ノ順序ハ戸長ニ於テ取纏メタル税金ヲ戸長ヨリ税金預リ人ヘ相渡シ其預リ切符ヲ以テ郡區長ヘ納メ郡區長ハ其預リ切符ヲ収税委員ヘ送附シ其領収証書ヲ以テ地方官廳ヘ上納シ地方官廳ハ之ヲ以テ租税決算ヲ爲スモノトス

一其税金預リ人ナル者ハ大藏省ニ於テ各地方適宜ノ場所ヲ擇ヒ税金預所ヲ設ケ其預リ人ヲ命スル者トス

一其収税委員ナル者ハ大藏省租税局ヨリ各地方ニ派遣セシメ税金徴収ノ實况ヲ監視シ郡區長ニテ徴収セル税金ヲ直チニ領収セシム其

事宜ニ依テハ該地方長官ヘ直チニ協議スルヿヲ得ルモノトス
一税金徴收及領收ノ順序ハ郡區役所ニ於テ別紙第一号雛形（地税ヲ以テ一例ヲ擧ク以下準之）ノ通甲乙接續セル納税切符ヲ製シ各税毎納期前晩クモ十五日以前ニ各町村納額元帳ニ據リ其納金額及ヒ納期限ヲ甲乙納税切符ヘ記入シ第一号雛形甲納税切符ヘ一印ノ如ク郡區役所ノ印ヲ捺シ且元帳金額ト割印ヲ捺シ之ヲ戸長ニ相達スヘシ
一戸長ハ納税切符ヲ得テ其町村一人別帳ニ據リ納税者ニ達シ納金額ヲ取纏メ第一号雛形乙納税切符ヘ二印ノ通調印シ其現金ニ添ヘ税金預リ人ノ許ヘ持參スヘシ
　但上納期限前ニ集リタル金額ヲ何ケ度ニモ内預ケヲ要スルヿアラハ第四号雛形ノ如キ書付ヲ添ヘ税金預リ人ヘ其金員相預ケ預リ人ノ証印ヲ得テ之ヲ藏置シ且其趣ヲ郡區役所ヘ報告スヘシ而シテ甲乙納税切符金員ノ全額ニ充レハ内預ケノ都度取置タル數葉ノ預リ書ヲ預リ人ヘ返付シテ乙切符ヘ証印ヲ受クヘシ

一税金預リ人ハ其現金ノ眞贋ヲ改メテ預リ金元帳ヘ記入シ其金額ヲ預リタルヿヲ証スル爲メ第一号雛形乙納税切符金員ノ下ヘ三印ノ如ク預リ人ノ証印ヲ捺シ尚ホ預リ元帳金額ト第一号雛形乙納税切符ヘ四印ノ如ク割印ヲ捺シ之ヲ戸長ヘ相渡スヘシ

一戸長ハ第一号雛形甲納税切符ヘ五印ノ如ク調印シテ郡區役所ヘ上納スヘシ

一郡區長ハ各戸長ヨリ上納セル甲乙納税切符金額ト納額元帳トヲ照査シ其納濟ヲ元帳ヘ記入メ後第一号雛形甲納税切符ヘ六印ノ如ク郡區長領收ノ証印ヲ捺シ尚七印ノ如ク甲乙切符接續ノ中央ヘ郡區長ノ印ヲ捺シ而メ甲乙ヲ分截シ乙ハ郡區役所ニ留置キ甲ハ戸長ニ付與シ以テ税金納濟ノ証トスヘシ

一郡區役所ニ留置キタル乙納税切符ヲ一週日毎ニ取纏メ別紙第二号雛形ノ通郡區長名印ノ納税証書ヲ添ヘ之ヲ其地方ノ收税委員ニ送付スベシ

一收税委員ハ乙納税切符ト納税証書トヲ得テ別紙第三号雛形ノ通委員名印ノ領收証書ヲ郡區長ニ交附スヘシ郡區長ハ之レヲ其地方官廳ニ上納シ而シテ毎税目皆濟ニ至ラハ地方官廳ヘ其報告ヲ為スヘシ

一地方官廳ハ收税委員ノ領收証書及ヒ郡區長ノ皆濟報告ヲ得テ各税帳或ハ税表及ヒ皆濟帳ヲ調製シ大藏卿ヘ差出シ之カ決算ヲ為スヘシ

同上雛形　第一號

（一）是ハ最初戸長ヘ相達スルキ郡役所元帳ト押切且割印付ヲ証スル為メ之ヲ捺印ス則第一ノ手順ナリ

（二）是ハ一村ノ納金取束子税金預リ人ヘ相渡スノ証ニシテ則第二ノ手順ナリ

（三）是ハ戸長ヨリ税金ヲ預リタル證印ニシテ則第三ノ手順ナリ

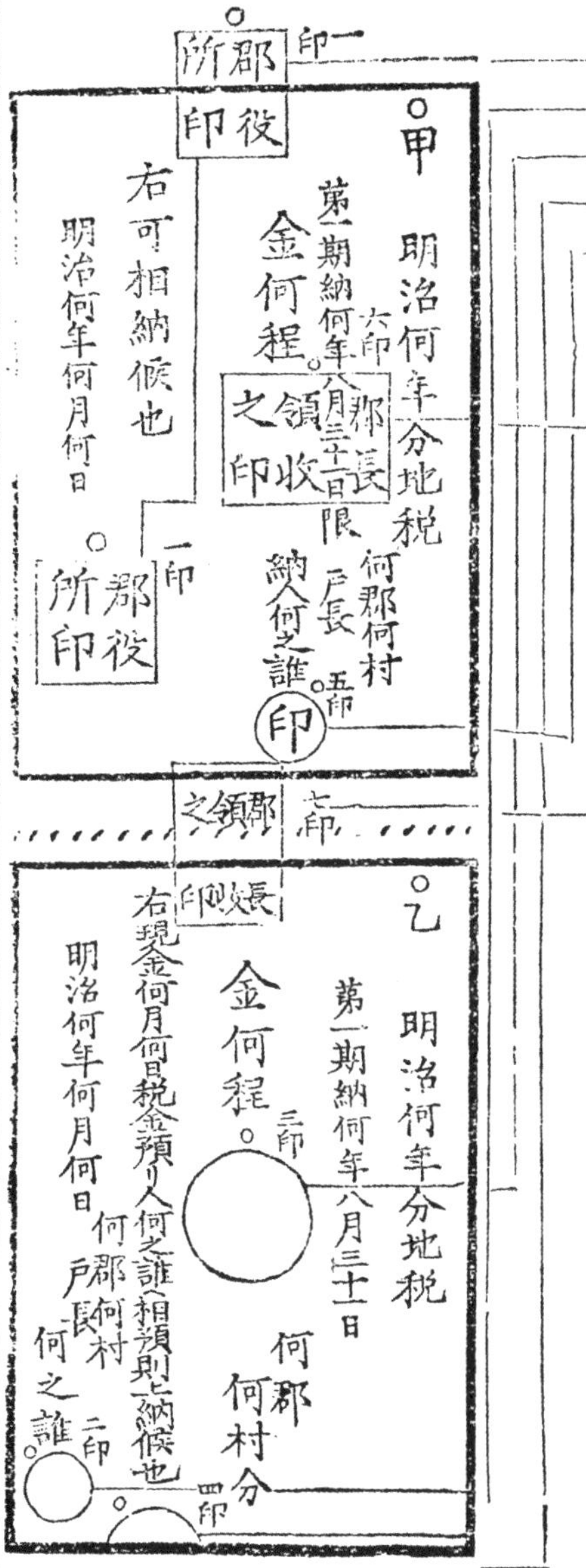

（四）是ハ税金預リタル作税金預リ人ノ原簿ヘ押切モノニテ則第四五ノ手順ナリ

（五）是ハ戸長ヨリ税金上納ノ際証印スル者ニソ則第五ノ手順ナリ

（六）是ハ戸長ヨリ税金上納濟ニイタリ郡役所領收ノ証印ニシテ則第六ノ手順ナリ

（七）是ハ戸長ヨリ税金上納濟ニ至リ上納証ト領收証ヘ押切モノニシテ則第七ノ手順ナリ

甲乙雛形トモ第二期ヨリ第六期ニ至ルマデ唯納年月ノ差異アルノミ其他ハ同文ナレバ略ス

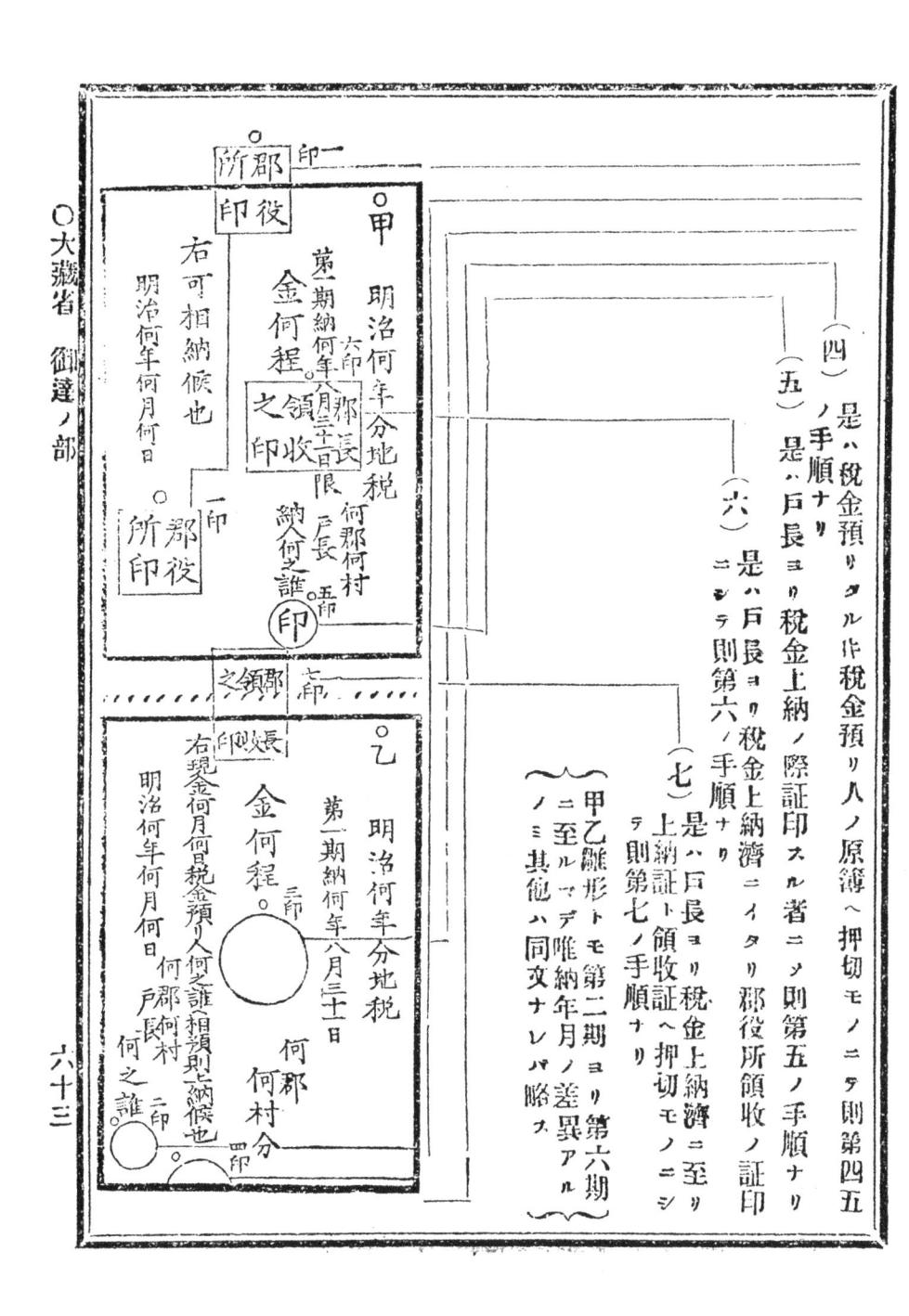

第二號　此納税証書ハ一税一郡區限リ各通ニスヘシ

証

一金何程
　但何區村郡町々明治何年地税何期分又ハ何税
右上納候也
明治年月日
　郡區長姓名印
収税委員宛

第三號　委員領收証

花紋

番號
一金何程
但明治何年何税

右請取候追テ本証書相渡可申候也
明治年月日　収税委員官姓名印
區郡長宛

第四號
用紙寸法トモ適宜ノ事

地税第何期納ノ内
又ハ何税ノ内
一金何程
　何郡區
　何村町分
戸長
明治何年何月何日
　何ノ誰印

○乙第七十三號　明治十一年十二月廿八日　大藏省御達　府　縣

今般乙第七拾貳号ヲ以國税金徴収順序相達候處右ハ郡區ノ改正ニ隨ヒ漸次施行候儀ニ付着手日限ハ各六十日以前ニ相達可申候條此旨相達候事

○大藏省　正誤　明治十二年一月十三日

明治十一年十二月大藏省乙第七十三號達書中徴收順序トアルハ領收順序ノ誤リ

○乙第拾七号　明治十二年三月十四日　大藏省御達　府　縣

明治十一年十二月乙第七十二号ヲ以テ相達候國税金領收順序附錄別紙ノ通相定候條此旨相達候事

國税金領收順序附錄

一納税期限ニ至リ若シ税金皆納シ能ハサル者アルトキハ別紙納税切符第一號形ニ示セル如ク戸長ニ於テ其納金額ノ傍ヘ現ニ上納ス可キ金額ヲ內書ニシ未納金額ヲ外書ニシ成規ノ順序ヲ經テ郡區役所ヘ上納ス可シ（別紙納税切符第一號形トハ國税金領收順序中ニ示ス甲乙納税切符ト知ル可シ）郡區長ハ之ヲ得テ先ツ其未納金額ヲ別紙第四號形ノ通未納額帳ニ登記シ之ト別紙第一號形甲切符ノ右側ニ（イ）印ノ如ク割印ヲ捺シ而シテ其現納金額ヲ納額元帳ニ記入シ其納税切符ノ納金額ニ對シ領收ノ證印ヲ捺シ甲切符ハ戸長ニ附與シ乙切符ハ收税委員ニ送付ス可シ而シテ更ニ別紙第二號形ノ通未納税甲乙納切符ヲ製シ式ノ如ク委員ヲ記入シ之ヲ戸長ニ附與シ成規ノ順序ヲ以テ上納セシム可シ

一納税期限後三十日ニ至テ尚ホ皆納シ能ハス內納ヲ爲ス者アルトキハ別紙第二號形ニ示セル如ク戸長ニ於テ其未納金額ノ傍ヘ現ニ上納ス可キ金額ヲ內書ニシ不納金額ヲ外書ニシ成規ノ順序ヲ經テ郡區役所ヘ上納シ且其不納ニ係ル税目住所姓名事由ヲ詳記シテ郡區長

ニ告知ス可シ郡區長ハ之ヲ得テ先ツ其不納金額ヲ別紙第五雛形ノ通不納帳ニ登記シ之レト別紙第二雛形甲切符ノ右側ニ（ロ）印ノ如ク割印ヲ捺シ而シテ其現納金額ヲ未納額帳ニ記入シ其納税切符ノ納金額ニ對シ領收ノ證印ヲ捺シ甲切符ハ戸長ニ附與シ乙切符ハ收税委員ニ送附ス可シ

一其不納者ノ處分ヲ爲シテ徴收シタル税金ハ戸長ニ於テ別紙第三雛形ノ通リ切符ヲ作リ其金額ヲ預リ人ヘ相預ケ預リノ證印ヲ受ケテ郡區役所ヘ上納ス可シ郡區長ハ之ヲ得テ其金額ヲ不納額帳ニ記入シテ領收證ヲ交付シ切符ハ收税委員ニ送付スヘシ

第四雛形

明治何年

何税未納額帳

何
郡
區

此帳簿ハ一郡區限ニ編製シ一村町毎ニ見出ヲ付ス
納税期限後三十日間ニ未納額ヲ納ムル片ハ金員ノ傍ヱ何月何日納ト
記入スル內納スル片ハ之ヲ內書ニシ其金員ノ下ヘ何月何日納ト記入シ
殘ル員額ヲ傍ヘ掲ケ三十日ニ至テ納メサルモノハ不納ト記入ス

未納税切符ト割印

地税第何期納
又ハ何税何月何日納
ノ內未納

一金何程
內
金何程　何月何日納

若殘金不納ナレハ
殘金何程　不納
不納帳ヱ記入

納税切符ト割印

何郡何村
何之誰分

第五雛形

明治何年
何税不納額帳

何
郡
區

此帳簿ハ未納額帳ト体裁ヲ同シ各税納期後三十日ヲ過キ至リ不納金額ヲ掲クルモノナリ

公賣處分等ニテ不納金額ヲ徴收セシトキハ金員ノ傍ヘ何月何日處分濟收入ト記入ス

若シ處分濟ノ上不納金額ニ不足ヲ生セシトキハ内書ニ徴收ノ員額ヲ掲ケ其下ヘ何月何日處分濟收入ト記入シ差引不足ノ金員ヲ傍ヘ掲ク

何郡

何村

何之誰分

一金何程

但地税第何期納亦ハ何税何月何日納ノ内何々ノ事故ニテ不納

何月何日處分濟收入

第一雛形

朱
郡役所印

明治何年分地税
第何期納何年何月何日限
金百圓
内
金九拾円 朱
郡長領收之印
外
金拾円 朱
郡役所印
未納
右可相納候也
明治何年何月何日

何郡何村
戸長 何之誰 ㊞
納人 何之誰
何月何日納
朱

郡役所印 朱

郡長領收之印

明治何年分地税
第何期納何年何月何日限
金百圓
内
金九拾円 朱
外
金拾円
未納
右現金何月何日税金預人何之誰ヘ相預ケ則上納仕候也
明治何年何月何日
何郡何村
戸長
何之誰 ㊞ 朱

何郡
何村分
何月何日納 朱

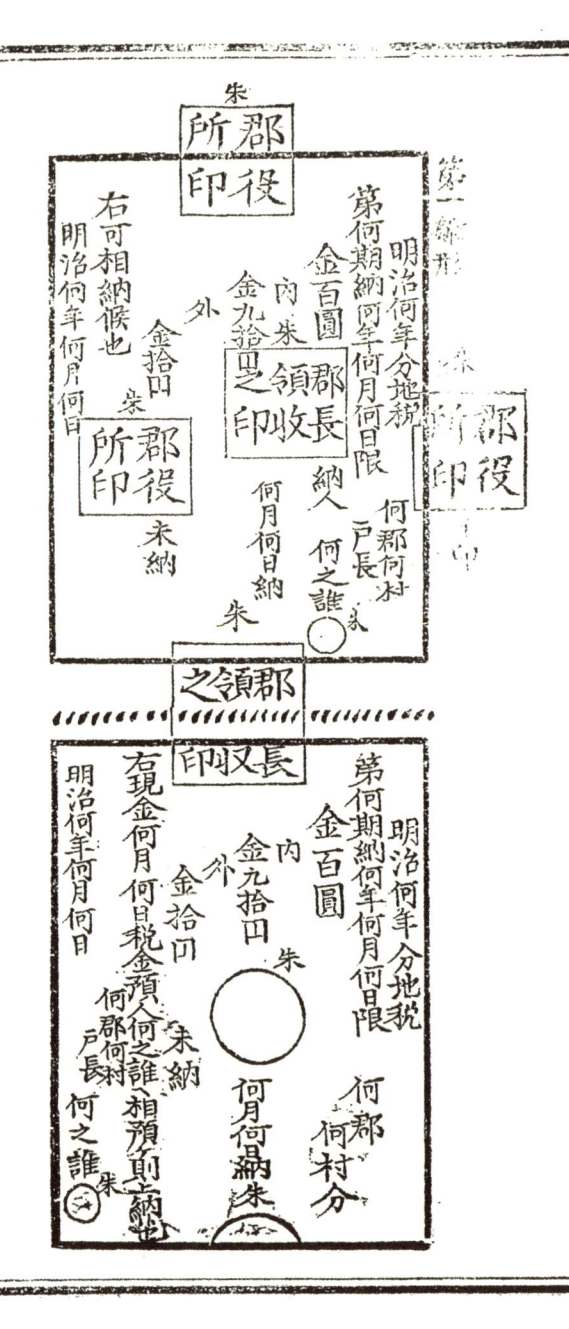

第二雛形

朱　郡役所印　口印

明治何年分地税
第何期納何年何月何日限
高金百圓ノ内
金九拾円
内　金拾円
金五円
外　金五円
右可相納候也
明治何年何月何日
何郡何村
戸長　何之誰

朱　郡役所印

何月何日納済　朱　郡長領収之印
何月何日納
不納　朱　郡役所印

朱　郡長領収之印

明治何年分地税
第何期納何年何月何日限
高金百圓ノ内
金九拾円
内　金拾円
金五円
外　金五円
朱　○
何郡何村分
何月何日納済　朱
何月何日納
不納
右税金何月何日税金預人何之誰ヘ相預ケ則上納候也
明治何年何月何日
何郡何村
戸長　何之誰　朱　○

第三雛形

明治何年分地税

第何期納何年何月何日限

高金百圓ノ内

金九拾圓　何月何日納濟

金五圓　何月何日納濟

一金五圓　何月何日不納處分濟追徵ノ分

右現金何月何日税金納入何之誰ニ相預ケ則上納候也

何郡何村　何之誰分

明治何年何月何日

何郡何村　戸長　何之誰　○

○乙第五號　明治十二年一月十八日　大藏省御達　府縣

郡區長郡區書記ヘ他ノ官吏ヨリ轉任又ハ郡區長郡區書記ヨリ他ノ官

吏ヘ轉任ノ節月俸ハ明治七年五月第六十一号公達月俸規則第四條ニ照
準其月十七日在職ノ方ニ於テ支給シ滿年賜金ハ其際打切支給可致此
旨相達候事
　但適宜方已ニ施行スト雖モ本文ニ背馳ノ向ハ引直候儀ト可相心得
　事

○乙第七號　明治十二年一月廿一日　大藏省御達　府縣

今般國稅金領收ノ順序相定候ニ付テハ各郡區長ヘ租稅局長ヨリ直ニ
相達候儀モ可有之候條兼テ郡區長ヘ相達置可申候此旨相達候事

○乙第十号　明治十二年二月十三日　大藏省御達　府縣

昨十一年當省乙第七十二号ヲ以テ相達候國稅金領收順序ニ添タル納
稅切符ノ儀ハ地稅ノミ相示シ有之ニ付酒類其他諸稅ニ用ユル納稅切
符雛形及ヒ其時々收入スル諸稅領收順序別紙ノ通相定候條爲心得此

旨相達候事

一酒造營業稅（但稼續之者）

一酒類釀造稅

一酒類受賣稅（但稼續之者）

一煙草營業稅（但稼續之者）

一船稅（但稼續之者）

一車稅（但稼續ノ者）

一牛馬賣買免許稅（但稼續之者）

一賣藥營業稅（但稼續之者）

右ニ揭クル諸稅ハ各種每ニ別紙第一號雛形ノ甲乙納稅切符ヲ以テシ其領收順序等ハ昨十一年當省乙第七十二號達シノ通リタルヘシ

一地劵証印稅　一官祿稅

一新規（酒造營業稅酒類請賣稅）

一同煙草營業稅
一證券印紙稅
一新規船稅
一國立銀行稅
一米商會社稅
一新規牛馬賣買免許稅
一板權免許稅
一新規賣藥營業稅
一煙草印紙稅
一訴訟用罫紙稅
一車稅
一株式取引所稅
一銃獵稅
一度量衡稅
一海外旅券其他免許手數料
一諸鑑札料同手數料

右ニ掲クル諸稅ノ內其地方廳ヘ直ニ收入スル者ハ一稅每ニ稅金預ケ書ヲ作リテ之ヲ稅金預リ人ヘ相預ケ預リノ證印ヲナサシメ一週日每ニ取纏メ之ニ納證書ヲ添ヘテ其廳ヨリ直ニ收稅委員ヘ送附シ領收證ヲ得テ昨十一年當省乙第七十二號達書末項ノ通取計フヘシ其郡區役所ヘ納メシムルモノハ本人ニ於テ別紙第二號雛形ノ如キ書面ヲ作リテ其稅金ヲ稅金預リ人ヘ相預ケ預リノ證印ヲ受ケテ居郡區役所ヘ納

ムヘシ郡區長ハ之ニ領収証書ヲ與ヘ而シテ右ノ税金預証書ハ一週日毎ニ取纏メ之ヲ收税委員ニ送付スル等ハ右達書第九項以下ノ通リタルヘシ

但本條ニ列記スル諸税ト雖モ戸長ノ手ヲ經テ納ムルモノハ昨十一年乙第七十二號達シ第五項但書ニ照準シ前條同樣取計ヘシ

第壹號納税切符雛形

切符面ニアル証印押切印等ハ都テ地税ノ通リタルヘシ

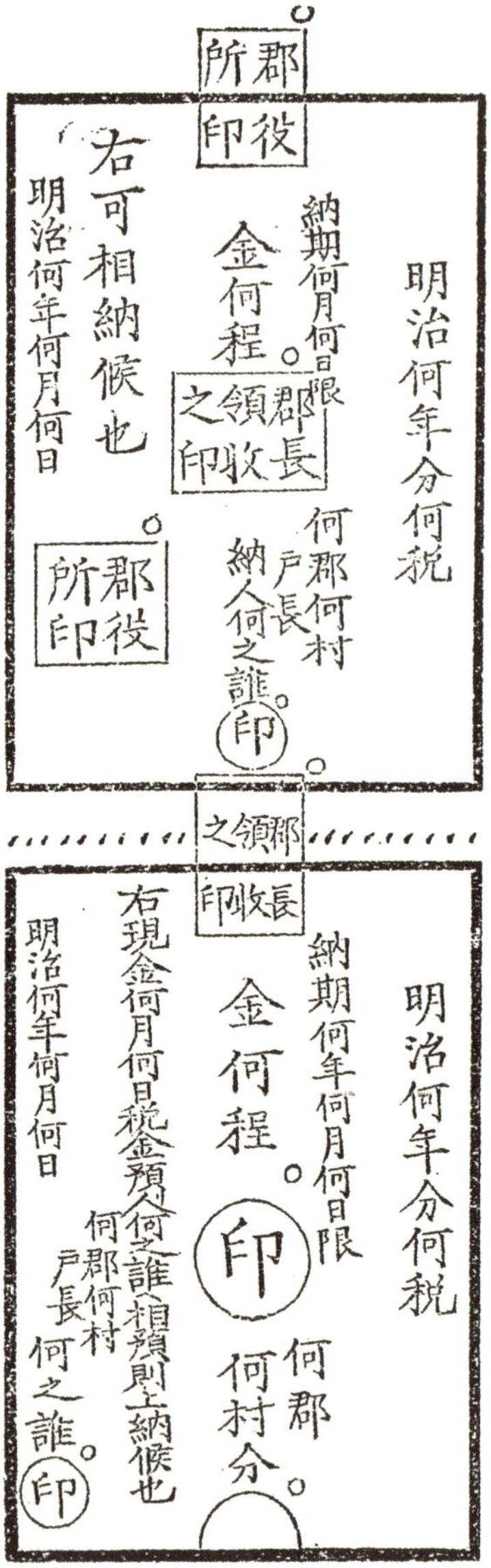

第貳號雛形

用紙寸共適宜

明治何年分

何稅

何鑑札料

何鑑札手數料

一金何程

印

右現金稅金預人何之誰ヘ相預ケ上納候也

年月日

何郡何村

何之誰

印

稅金預リ人稅金預リノ證印

○乙第貳拾五號　明治十二年四月廿六日　大藏省御達　府　縣

明治八年十一月乙第百五拾六號ヲ以相達候預ケ金出納規則別冊ノ通改正候條此旨相達候事

但國稅金領收順序未改正ノ縣々ハ從前ノ通可相心得候事

諸縣預ケ出納順序

第一條　此預ケ金ハ收稅ノ都合ニヨリ收稅委員ヲ以テ預ケ入ルヘシ

第二條　此金預ケ入ル時ハ委員ヨリ第一圖ノ書面ヲ添ヘ引渡スヘシ然ルトキハ此委員ヘ對シ第二圖ノ預リ證書ヲ差出スヘシ

第三條　此預リ證書ハ出納局ニテ國稅金ノ內ヘ領收スルトキハ第三圖ノ如ク裏書ヲ爲シ其預ヘキ縣ヘ遞送スヘシ

第四條　此裏書證書其縣ニ到着スルトキハ更ニ第四圖ノ預リ證書ヲ製シ出納局ヘ遞送スヘシ最此預リ證書ハ裏書證書到着即日休暇日或ハ退廳ノ後ナレハ其翌日必ス差立ヘシ

第五條　此預ケ金アル縣々ハ常費臨時費ヲ論セス大概此預ケ金ノ内ヨリ交付スヘシ又大藏省ノ都合ニヨリ各廳ノ費用ニモ仕用スルヿアルヘシ

第六條　此預ケ金ノ仕拂ハ出納局長ヨリ證印アル第五圖ノ如キ仕拂切符ヲ交付スヘシ故ニ此切符引換ニアラサレハ些少ノ金員タリトモ決テ仕用スヘカラス最電信渡ノ金員ハ其規則ニヨルヘシ

第七條　此預ケ金ハ大藏省ノ都合ニヨリ預高悉皆又ハ其内何程歟ヲ臨時還納セシムヘシ然ル時ハ出納局長ヨリ第六圖ノ如キ書面ヲ以通達スヘシ

第八條　此預ケ金ハ既ニ交付爲シタル金員ト混淆セサル樣別ニ帳簿ヲ設ケ出納ヲナスヘシ最現金ノ保護等ハ舊規則明治七年五月大藏省第五四十三號達ニ附屬ノ規則ヲ云第十四條ノ通心得ヘシ又爲換方等ヘ預ルトキハ明治七年十月乙第十一號達ノ通心得ヘシ

第九條　此預ヶ金決算順序ハ明治十年五月番外達ニ據ルヘシ最以來ハ毎年兩度ノ決算ヲ廢シ六月ニノミ決算ヲ爲スヿト心得ヘシ

第一圖用紙通常野紙

記

一金何程

右者御預ヶ金ノ見込ニ付假ニ及御引渡候條御預證書御差出可有之候本預ヶノ儀ハ追テ出納局長ヨリ可申進筈ニ候也

年　月　日　　收税委員官氏名印

縣令宛

第二圖用紙西ノ内八ツ切

一金何程

右金相預リ候也

年月日

縣令氏名印

收稅委員宛

第三圖即二圖ノ裏面ナリ

表書之金何程更ニ當局ヨリ
及御預候也
年月日
出納局長氏名印
縣令宛

第四圖用紙枠罫紙

證

一金何程

右金相預リ候也

年月日

縣令氏名印

出納局長宛

第五圖用紙出納局仕拂切符

證書　番

渡　濟

一金何程

但何々

右ニ書載之金高此證書引換ニ

可相渡候也

年月日

出納局長氏名印

縣令宛

第六圖用紙通常罫紙

記

一金何程

右者御預ケ金ノ内前書之金高當地ヘ向ケ出張所等ヘ遞送ヲ要スル時ハ某地出張所ヘ相納同所預切符ヲ以御還納可有之仕拂切符ハ着金之上御回シ可申
還納云々ト認ム
候最右金遞送方ハ便宜ヲ以御差送可有之候也

年　月　日　　出納局長氏名印

縣令宛

○乙第二十六号　明治十二年五月七日　大藏省御達　府　縣

稅外收入及ヒ諸返納金其他經費殘餘ノ還納等大藏省ヘ上納相成候分ハ國稅金領收順序ニ準擬納方可取計此旨相達候事

但勘定組ノ儀ハ從前ノ通可相心得事

各官衙名	同上位置
○太政官	東京赤坂區赤坂皇居内
賞勲局	太政官内
法制局	同上
調査局	同上
修史館	同上
○元老院	同麹町區祝田町
○外務省	同上
○内務省	同區大手町壹丁目
勧農局	本省構内
驛遞局	京橋區本材木町一丁目
警視局	東京麹町區八重洲町二丁目

各官衙名	同上位置
地理局	本省構内
戸籍局	仝上
土木局	仝上
衛生局	仝上
圖書局	仝上
博物局	仝上
會計局	仝上
庶務局	仝上
取調局	仝上
山林局	仝上
往復課	仝上
○大蔵省	東京麹町區大手町一丁目
租税局	本省構内

關納局	仝上
商務局	仝上
撿查局	仝上
國債局	仝上
出納局	仝上
造幣局	攝津國大坂 新川崎町
印刷局	東京麹町區 大手町二丁目
常平局	本省構內
記錄局	仝上
○陸軍省	仝區 永田町一丁目
○海軍省	京橋區 築地四丁目
○文部省	麹町區 竹平町

○工部省	赤坂區 溜池葵町
書記局	本省構內
會計局	仝上
撿查局	仝上
倉庫局	仝上
鐵道局	攝津國大坂 堂島濱通三丁目
鑛山局	本省構內
電信局	仝上
工作局	仝上
燈臺局	武藏國橫濱 本町五丁目
營膳局	本省構內
○司法省	東京麹町區 八重洲町二丁目
○宮內省	赤坂區 赤坂皇居內

式部寮

本省構内

○地租改正事務局

麹町區大手町壹丁目
内務省構内

○大審院　麹町區
八重洲町二丁目

各裁判所ノ在地及分轄左ノ如シ

東京控訴院	武藏國東京		麹町區永樂町一丁目
東京裁判所	仝		仝區八重洲町二丁目
築地區裁判所	仝	仝	京橋區築地二丁目
巴町區裁判所	仝	仝	芝區西久保巴町
富士見町區裁判所	仝	仝	麹町區富士見町六丁目
二長町區裁判所	仝	仝	下谷區下谷二長町
林町區裁判所	仝	仝	本所區本所林町二丁目
千葉支廳	下總國千葉郡千葉		
千葉區裁判所	仝	仝	
佐貫區裁判所	上總國天羽郡佐貫		
八日市場區裁判所	下總國匝瑳郡八日市場		
横濱裁判所	武藏國横濱		
横濱區裁判所	仝	仝	

八王子區裁判所	仝　多摩郡八王子
小田原區裁判所	相模國足柄下郡小田原
水戸裁判所	常陸國茨城郡水戸
水戸區裁判所	仝　仝
土浦區裁判所	仝　新治郡土浦
下妻區裁判所	仝眞壁郡南當郷下妻
櫔木支廳	下野國都賀郡櫔木
櫔木區裁判所	仝　仝
宇都宮區裁判所	仝　河内郡宇都宮
熊谷裁判所	武藏國大里郡熊ヶ谷
熊谷區裁判所	仝　仝
浦和支廳	仝　足立郡浦和
浦和區裁判所	仝
前橋支廳	上野國群馬郡前橋

前橋區裁判所　仝　仝
高崎區裁判所　仝　仝　高崎
名古屋裁判所　尾張國愛知郡名古屋
名古屋區裁判所　仝　仝
一ノ宮區裁判所　仝　中島郡一ノ宮
岐阜支廳　美濃國厚見郡岐阜
岐阜區裁判所　仝　仝
御嵩區裁判所　仝　可兒郡御嵩
高山區務判所　飛驒國大野高山
安濃津支廳　伊勢國安濃郡安濃津
安濃津區裁判所　仝　仝
四日市區裁判所　仝　三重郡四日市
山田區裁判所　伊勢國度會郡山田
上野區裁判所　伊賀國阿拜郡上野

岡崎支廳	三河國額田郡岡崎
岡崎區裁判所	同　同
豐橋區裁判所	同　渥美郡豐岡
靜岡裁判所	駿河國有渡郡靜岡
靜岡區裁判所	同　同
沼津區裁判所	同　駿東郡沼津
下田區裁判所	伊豆國賀茂郡下田
濱松支廳	遠江國敷智郡濱松
濱松區裁判所	同　同
甲府支廳	甲斐國山梨郡甲府
山梨區裁判所	同　同
谷村區裁判所	同　都留郡谷村
新潟裁判所	越後國蒲原郡新潟
新潟區裁判所	同　同

新發田區裁判所	同	同　新發田
村上區裁判所	同	岩船郡村上
高田支廳	同	頸城郡高田
高田區裁判所	同	同
糸魚川區裁判所	同	同　糸魚川
長岡支廳	同	古志郡長岡
長岡區裁判所	同	同　同
柏崎區裁判所	同	刈羽郡柏崎
六日町區裁判所	越後國	魚沼郡六日町
相川支廳	佐渡國	雜太郡相川
相川區裁判所	同	同　同
松本裁判所	信濃國	筑摩郡南深志ノ內松本
松本區裁判所	同	同
飯田區裁判所	同	伊那郡飯田

上田支廳	同　小縣郡上田
上田區裁判所	同　同
長野區裁判所	同　水內郡長野
大坂上等裁判所	攝津國大坂
京都裁判所	山城國京都
京都區裁判所	同　同
伏水區裁判所	同　紀伊郡伏水
園部區裁判所	丹波國船井郡園部
宮津支廳	丹後國與佐郡宮津
宮津區裁判所	同　同
大津支廳	江近國滋賀郡大津
大津區裁判所	同　同
彥根區裁判所	同　犬上郡彥根
海津區裁判所	同　高島郡海津

大阪裁判所	攝津國大坂
中島區裁判所	同　同
天王寺區裁判所	同　同
和歌山支廳	紀伊國名草郡和歌山
和歌山區裁判所	同　同
田邊區裁判所	同　牟婁郡田邊
堺支廳	和泉國大鳥郡堺
堺區裁判所	同　同
奈良區裁判所	大和國添上郡奈良
五條區裁判所	同　宇智郡五條
神戸裁判所	攝津國神戸
兵庫區裁判所	同　兵庫
洲本區裁判所	淡路國津名郡洲本
篠山區裁判所	丹波國多紀郡篠山

姫路支廳	播磨國飾東郡姫路
飾磨區裁判所	同　同
豐岡區裁判所	但馬國城崎郡豐岡
岡山支廳	備前國御野郡岡山
御野區裁判所	同　同
津山區裁判所	美作國西北條郡津山
玉島區裁判所	備中國淺口郡玉島
金澤裁判所	加賀國石川郡金澤
金澤區裁判所	同　同
小松區裁判所	同　能美郡小松
七尾支廳	能登國鹿島郡七尾
七尾區裁判所	同　同
輪島區裁判所	同　鳳至郡穴水
福井支廳	越前國足羽郡福井

福井區裁判所	同　同
大野區裁判所	同　大野郡大野
富山支廳	越中國新川郡富山
富山區裁判所	同　同
魚津區裁判所	同　新川郡魚津
松山裁判所	伊豫國温泉郡松山
松山區裁判所	同　同
西條區裁判所	同　新居郡西條
大洲區裁判所	同　喜多郡大洲
宇和島支廳	同　宇和郡宇和島
宇和島區裁判所	同　同
高松支廳	讃岐國香川郡高松
高松區裁判所	同　同
多度津區裁判所	同　多度郡多度津

高知裁判所　土佐國土佐郡高知
高知區裁判所　同　同
中村區裁判所　同　幡多郡中村
德島支廳　阿波國名東郡德島
德島區裁判所　同　同
脇町區裁判所　同　美馬郡脇町
松江裁判所　出雲國島根郡松江
松江區裁判所　同　同
米子區裁判所　伯耆國會見郡米子
杵築區裁判所　出雲國神門郡杵築
鳥取支廳　因幡國邑美郡鳥取
鳥取區裁判所　同　同
濱田支廳　石見國那賀郡濱田
濱田區裁判所　同　同

隱岐支廳	隱岐國周吉郡西鄕中川
隱岐區裁判所	同　同
廣島裁判所	安藝國沼田郡廣島
廣島區裁判所	同　同
尾道區裁判所	備後國御調郡尾ノ道
三次區裁判所	同　三次郡三次
山口支廳	周防國吉敷郡山口
山口區裁判所	同　同
萩區裁判所	長門國阿武郡萩
赤間關區裁判所	同　豐浦郡赤間關
岩國區裁判所	周防國玖珂郡岩國
宮城上等裁判所	陸前國宮城郡仙臺
弘前裁判所	陸奧國津輕郡弘前
弘前區裁判所	同　同

青森區裁判所	同　同　青森
八戸區裁判所	同　三戸郡八戸
秋田支廳	羽後國秋田郡久保田
秋田區裁判所	同　同
大曲區裁判所	同　仙北郡大曲
能代區裁判所	同　山本郡能代
仙臺裁判所	陸前國宮城郡仙臺
仙臺區裁判所	同　同
石卷區裁判所	同　牡鹿郡石卷
盛岡支廳	陸中國岩手郡盛岡
盛岡區裁判所	同　同
磐井區裁判所	同　磐井郡磐井
福島裁判所	岩代國信夫郡福島
福嶋區裁判所	同　同

白川區裁判所	磐城國白河郡白川
中村區裁判所	同　宇多郡中村
平支廳	同　磐前郡平
平區裁判所	同　同　同
若松支廳	岩代國會津郡若松
若松區裁判所	同　同　同
山形支廳	羽前國村山郡山形
山形區裁判所	同　同　同
米澤區裁判所	同　置賜郡米澤
鶴岡支廳	同　田川郡鶴ヶ岡
鶴岡區裁判所	同　同　同
函館裁判所	渡島國　箱館
函館區裁判所	同　同
福山區裁判所	同　津輕郡福山

札幌裁判所	石狩國札幌郡札幌
長崎上等裁判所	肥前國　長崎
長崎裁判所	同　同
長崎區裁判所	同　同
平戸區裁判所	同　松浦郡平戸
福江區裁判所	同　同　福江
島原區裁判所	同　高來郡島原
佐賀支廳	同　佐賀郡佐賀
佐賀區裁判所	同　同　同
唐津區裁判所	同　松浦郡唐津
福岡支廳	筑前國早良郡福岡
福岡區裁判所	同　同
久留米區裁判所	筑後國三潴郡久留米
小倉區裁判所	豊前國企救郡小倉

嚴原支廳	對馬國下縣郡嚴原
嚴原區裁判所	同　同
熊本裁判所	肥後國飽田郡熊本
熊本區裁判所	同　同
町山口區裁判所	同　天草郡町山口
人吉區裁判所	同　球磨郡人吉
山鹿區裁判所	同　山鹿郡山鹿
八代區裁判所	同　八代郡八代
大分支廳	豐後國大分郡大分
大分區裁判所	同　同
佐伯區裁判所	同　海部郡佐伯
竹田區裁判所	同　直入郡竹田
中津區裁判所	豐前國下毛郡中津
豆田區裁判所	豐後國日田郡豆田

鹿兒島裁判所　薩摩國鹿兒島郡鹿兒島

宮崎支廳　日向國宮崎郡宮崎

開拓使本廳　在廳石狩國札幌郡札幌
東京ヨリ二百八拾九里余
管内海產出石百〇四萬三千四百五十二石余

區郡役所	同上位置	所管地郡名
石狩札幌區	札幌郡札幌爾志通	札幌市街一圓 札幌郡
同石狩郡	石狩郡親船町	石狩 厚田 濱益 上川 樺戸 雨龍 空知 夕張 八郡
後志小樽郡	小樽郡信香町	小樽 高島 忍路 餘市 四郡
同古平郡	古平郡濱中村	古平 美國 積丹 三郡
同岩内郡	岩内郡御鉾内町	岩内 古宇 二郡
膽振室蘭郡	室蘭郡札幌通	室蘭 虻田 有珠 幌別 四郡

同 勇拂郡	勇拂郡苫小牧村	勇拂 白老 千歳ノ三郡及日高國沙流 新冠 靜内ノ三郡
日高 浦河郡	浦河郡浦河村	浦河 三石 様似 幌泉ノ四郡及十勝國廣尾 當縁 十勝 中川 河西 河東 上川ノ七郡
北見 宗谷郡	宗谷郡宗谷村	宗谷 枝幸 禮文 利尻 四郡
天塩 留萌郡	留萌郡留萌村	留萌 天塩 苫前 上川 中川 増毛 六郡

函館支廳

在廳渡島國龜田郡函館 東京ヨリ二百十八里余

區郡役所	同上位置	所管地郡名
渡島 函館區	龜田郡函館元町	函館市街 一圓
同 龜田郡	龜田郡龜田村	龜田 上磯 茅部 三郡
同 津輕郡	津輕郡川原町	津輕 福島 二郡

郡役所	同上位置	所管地郡名
同 檜山郡	檜山郡中歌村	檜山 爾志 二郡
後志 久遠郡	久遠郡一艘潤村	久遠 太櫓 奥尻 瀬棚 四郡
同 壽都郡	壽都郡中歌村	壽都 歌棄 島牧 磯谷 四郡
渡島 茅部郡	茅部郡森村	茅部 山越 二郡

根室支廳

在廳根室國根室郡根室 東京ヨリ四百里余

郡役所	同上位置	所管地郡名
根室 根室郡	根室郡松ヶ枝町	根室。花咲。野付。標津。目梨。 厚岸。ノ六郡及千島國。得撫。 新知。國後。占守。ノ十郡
釧路 厚岸郡	厚岸郡灣月町	厚岸 川上 釧路 阿寒 白糠 足寄 六郡
千島 振別郡	振別郡振別村	振別 紗那 擇捉 蘂取 四郡
北見 網走郡	網走郡網走村	網走 紋別 斜里 網走 常呂 五郡

東京府廳

在廳武藏國京橋區内幸町
管内石高拾六万石余

區役所	同上位置
東京麴町區	麴町隼町
同神田區	小川町
同日本橋區	蠣殼町二丁目
同京橋區	築地一丁目
同芝區	芝公園地大門通
同麻布區	麻布宮村町
同赤坂區	赤坂表三丁目
同四ッ谷區	四ッ谷傳馬町新一丁目
同牛込區	神樂町三丁目
同小石川區	小石川表町
武藏南葛飾郡	西小松川村

區郡役所	同上位置
東京本郷區	本郷四丁目
同下谷區	上野公園不忍辨天境内
同淺草區	淺草松清町
同本所區	本所元町
同深川區	伊勢崎町
武藏荏原郡	北品川宿
同南豊島郡	内藤新宿二丁目
同北豊島郡	下板橋宿
同東多摩郡	中野村
同南足立郡	千住北組

大坂府廳

在廳攝津國西成郡江ノ子島
東京ヨリ百四十四里余
管內石高二拾四万石余

區郡役所	同上位置	郡役所	同上位置
攝津東區	備後町二丁目	攝津東成郡	天王寺秋ノ坊
同西區	阿波堀通五丁目	同西成郡	上福島村
同南區	南炭屋町	同島上郡	高槻村
同北區	樽屋町	同島下郡	茨木村
同住吉郡	安立町	同豐島郡	池田村
同能勢郡	地黃村		

京都府廳

在廳山城國葛野郡二條城
東京ヨリ百三十壹里余
管內石高五拾八万石余

區郡役所	同上位置
京都上京區	中立賣西洞院西三丁町
丹波南桑田郡	龜岡

同 下京區	五條柳馬場東鹽竈町
山城 久世郡	淀池上町
同 宇治郡	醍醐村
同 乙訓郡 紀伊郡	紀伊郡上鳥羽村
同 愛宕郡	下加茂村
同 葛野郡	太秦村
同 綴喜郡	田邊村
同 相樂郡	木津村
丹後 竹野郡	網野村
同 北桑田郡	周山村
同 船井郡	園部
同 何鹿郡	綾部
同 天田郡	福知山
丹後 與謝郡	宮津
同 加佐郡	舞鶴
同 中郡	峰山
同 熊野郡	久美濱

石川縣廳

在廳加賀國石川郡金澤
東京ヨリ中山道通百二拾七里余
管內二百拾壹萬石余

區郡役所	加賀 金澤區
同上位置	石川郡金澤西町
郡役所	越前 坂井郡
同上位置	坂井港

郡役所	同上位置
同　江沼郡	大聖寺町
同　能美郡	小松町
同　石川郡	松任
同　河北郡	津幡驛
越前　南條郡 今立郡	南條郡武生町
同　丹生郡	吉江町
同　足羽郡 吉田郡	足羽郡福井町
同　大野郡	大野町
能登　羽咋郡	羽咋村
同　鹿島郡	七尾町
同　鳳至郡 珠洲郡	鳳至郡輪島町
越中　礪波郡	今石動驛
同　射水郡	高岡町
同　婦負郡	富山愛宕町
同　上新川郡	富山惣曲輪
同　下新川郡	魚津町

茨城縣廳

在廳常陸國東茨城郡水戸上市東京ヨリ三拾里二拾九町余
管内百拾三万石余

郡役所	同上位置
常陸　東茨城郡	水戸上市柵町
同　西茨城郡	笠間町
同　那珂郡	菅谷町
常陸　行方郡	麻生村
同　新治郡	土浦町
同　筑波郡	谷田部町

同 久慈郡	太田村
同 多賀郡	高萩村
常陸 真壁郡	下館西郷谷村
同 鹿島郡	鉾田村
同 信太郡 河内郡	信太郡 江戸崎村
下総 西葛飾郡 猿島郡	猿島郡 境町
下総 結城岡田郡 豊田郡	豊田郡 本宗道村
同 北相馬郡	取手宿

巖手縣廳

在廳陸中國盛岡
東京ヨリ百四拾里拾六町余
管内八拾五万石余

郡役所	同上位置
陸中 南岩手郡	仁王村
同 北岩手郡	大更村
同 紫波郡	日詰新田
同 稗貫郡	里川口
同 東和賀郡	黒澤尻町分
同 西和賀郡	新町

郡役所	同上位置
陸中 西磐井郡	一ノ關
同 東磐井郡	千廐
同 氣仙郡	盛
同 西閉伊郡	横田
同 南閉伊郡	釜石
同 東閉伊郡	宮古

郡	役所位置
陸中 江刺・膽澤郡	膽澤郡鹽竈
同 北閉伊郡	岩泉
同 南九戸郡	大川目
同 北九戸郡	輕米
陸中 中閉伊郡	川井
同 二戸郡	福岡

新潟縣廳

在廳 越後國新潟區新潟港

東京ヨリ三國通リ八拾九里拾九町余 若松ヲ經テ百里拾八町余

管内百二拾六万石余

區郡	役所	同上位置
越後 新潟區		新潟西堀通六番町
同 北蒲原郡		新發田町
同 南蒲原郡		三條町
同 三島郡		與板町
越後 古志郡		長岡町
同 北魚沼郡		小千谷町

郡役所	仝上位置
越後 中蒲原郡	新津町村
同 西蒲原郡	巻村
同 東頸城郡	安塚村
同 中頸城郡	高田町
越後 西頸城郡	糸魚川村
同 岩船郡	村上町

同南魚沼郡	六日町村
同刈羽郡	柏崎町
同中魚沼郡	十日町村
佐渡雑太加茂羽茂郡	雑太郡相川町

兵庫縣廳

在廳摂津國八部郡神戸
東京ヨリ百五拾四里七町余
管内百四拾三万石余

區郡役所	同上位置
摂津神戸區	神戸北長狹通
同八部郡	奥平野村
同菟原郡	住吉村
同武庫郡	西宮驛
摂津川邊郡	伊丹町
同有馬郡	三田町
播磨明石郡	明石驛

郡役所	同上位置
播磨美嚢郡	三木町
同加東郡	社村
同多可郡	中小村町
同加西郡	北條町
播磨加古郡	寺家町
同印南郡	曾根村
同飾東郡	姫路龍野町

同	神東神西郡	神東郡屋形村
同	揖西郡	龍野町
同	赤穂郡	加里屋町
同	佐用郡	佐用村
同	宍粟郡	山崎町
但馬	城崎美含郡	城崎郡豊岡
淡路	三原郡	榎並村
淡路	津名郡	洲本町
同	飾西郡	下手野
同	揖東郡	鵤村
但馬	出石氣多郡	出石郡出石町
同	七美二方郡	七美郡村岡町
同	養父朝來郡	朝來郡和田山村
丹波	氷上郡	柏原町
同	多紀郡	篠山町

櫔木縣廳

在廳下野國下都賀郡櫔木町
東京ヨリ二拾三里拾八町余
管內七拾六万石余

郡役所	同上位置
下野 下都賀寒川郡	下都賀郡櫔木町
同 足利梁田郡	足利郡足利町

郡役所	同上位置
下野 鹽谷郡	矢板村
同 河內郡	宇都宮驛

郡役所	同上位置
同 安蘇郡	佐野町
同 上都賀郡	鹿沼驛
同 芳賀郡	眞岡町
同 那須郡	太田原驛

千葉縣廳

在廳下總國千葉郡千葉町
東京ヨリ拾里拾壹町余
管內九拾七万石余

郡役所	同上位置
下總 千葉 市原 郡	千葉郡 千葉町
同 東葛飾郡	松戸驛
同 海上 匝瑳郡	海上郡 銚子荒野
上總 長柄 上埴生郡	長柄郡 茂原村
同 山邊 武射郡	山邊郡 東金町
下總 印旛、下埴生、南相馬郡	印旛郡 佐倉町
仝 香取郡	佐原村
上總 望陀、周淮、天羽郡	望陀郡 木更津村
上總 夷隅郡	大多喜町
安房 安房、平、朝夷、長狹郡	安房郡 北條村

大分縣廳

在廳豊後國大分郡大分町
東京ヨリ三百二拾里二丁余
管內四拾五万石余

郡役所	同上位置
豊後大分郡	大分町
同西國東郡	高田村
同東國東郡	鶴川村
同大野郡	市場村
同直入郡	竹田村
同玖珠郡	森村

郡役所	同上位置
豊後速見郡	日出村
同北海部郡	臼杵村
同南海部郡	佐伯村
同日田郡	豆田村
豊前下毛郡	中津町
同宇佐郡	四日市村

岡山縣廳

在廳備前國岡山區岡山
東京ヨリ百九拾里六丁余
管內百拾九万石余

區郡役所	同上位置
備前岡山區	東中山下
同御野郡	上伊福村
同津高郡	金川村

郡役所	同上位置
備前赤坂郡	町刈田村
同磐梨郡	吉原村
同和氣郡	西片上村

同	邑久郡	尾張村
同	上道郡	圓山村
同	見島郡	味野村
備中	都宇郡	下撫川村
同	窪屋郡	倉敷村
備中	淺口郡	玉島村
同	小田郡	笠岡村
同	後月郡	井原村
同	下道郡	岡田村
同	賀陽郡	高松村
美作	吉野郡	下町村
同	英田郡	倉敷村
同	勝南郡	勝間田村

備中	上房郡	高梁本村
同	川上郡	下原村
同	哲多郡	井村
仝	阿賀郡	新見村
美作	眞島郡	高田村
美作	大庭郡	久世村
同	西西條郡	竹田村
同	東南條郡 西北條郡	西北條郡 津山山下
同	東北條郡	綾部村
同	勝北郡	勝加茂西村
同	粂北條郡	桑下村
同	粂南條郡	下弓削村

和歌山縣廳

在廳紀伊國和歌山區和歌山
東京ヨリ百六拾壹里二拾壹丁余
管內四拾万石余

區郡役所	同上位置
紀伊和歌山區	和歌山西汀町
同名草海部郡	名草郡秋月村
同那賀郡	清水村
同東牟婁郡	新宮

郡役所	同上位置
紀伊伊都郡	妙寺村
同有田郡	湯淺村
同日高郡	御坊村
同西牟婁郡	田邊

神奈川縣廳

在廳武藏國橫濱區橫濱港
東京ヨリ八里拾八町余
管內五拾三万石余

區郡役所	同上位置
武藏橫濱區	橫濱本町一丁目
同久良岐郡	笹下村
同橘樹郡	神奈川町

郡役所	同上位置
武藏南多摩郡	八王子橫山宿ノ內字本宿
同北多摩郡	府中番場宿
相摸三浦郡	橫須賀汐留町

郡役所	同上位置
同都筑郡	下川井村
武藏西多摩郡	青梅村
相模大住陶綾郡	大磯驛南本町
同足柄上郡	關本村
同足柄下郡	小田原幸町壹丁目
同鎌倉郡	戶塚驛
相模高坐郡	藤澤驛
同愛甲郡	厚木町
同津久井郡	中野村

鹿兒島縣廳

在廳薩摩國鹿兒島郡鹿兒島
東京ヨリ三百八拾九里四丁余
管內百五萬石余

郡役所	同上位置
鹿兒島谿山能毛郡	鹿兒島郡鹿兒島
同日置阿多甑島郡	日置郡市來
同給黎揖宿川邊頴娃郡	給黎郡知覽
大隅大隅肝屬郡	大隅郡垂水
薩摩出水高城郡	出水郡阿久根
同伊佐薩摩菱刈郡	伊佐郡宮ノ城
大隅始良桑原噌唹郡	始良郡加治木
日向諸縣郡	都城

日向宮崎那珂郡	宮崎郡宮崎
同兒湯郡	高鍋
日向臼杵郡	延岡

長崎縣廳

在廳肥前國長崎區長崎港
東京ヨリ三百四拾四里二拾町余
管內七拾八万石余

郡區役所	同上位置
肥前長崎區	勝山町
同西彼杵郡	長崎町
同東彼杵郡	大村
同北高來郡	諫早村
同佐賀郡	佐賀町
同神埼郡	神埼驛

郡役所	同上位置
肥前南高來郡	島原村
同藤津郡	高津原村
同杵島郡	武雄村
同小城郡	小城村
同北松浦郡	平戸村
同南松浦郡	福江村

肥前 基肄養父三根郡	養父郡轟木驛
仝 東松浦郡	唐津町
仝 西松浦郡	伊万里町
肥前 壹岐郡	石田郡武生水町
仝 上縣下縣郡	下縣郡嚴原町

長野縣廳

在廳信濃國上水內郡長野町
東京ヨリ五拾八里三拾三丁余
管內七拾八万石余

郡役所	同上位置
信濃 南佐久郡	臼田村
仝 小縣郡	上田町
仝 諏訪郡	上諏訪村
仝 上伊那郡	伊那村
仝 下伊那郡	飯田村
信濃 西筑摩郡	福島村

郡役所	同上位置
信濃 北佐久郡	岩村田町
仝 北安曇郡	大田村
仝 更級郡	鹽崎村ノ內篠ノ井驛
仝 埴科郡	屋代村
仝 上高井郡	須坂村
信濃 下高井郡	中野町

郡名	役所位置	郡名	役所位置
同 東筑摩郡	北深志町	同 上水內郡	長野町
同 南安曇郡	豊科村	同 下水內郡	飯山町

熊本縣廳

在廳 肥後國熊本區熊本
東京ヨリ三百三拾五里二拾二丁余
管內八拾五万石余

區郡役所	同上位置	郡役所	同上位置
肥後 熊本區	飽田郡取手本町	肥後 山鹿山本郡	山鹿郡山鹿村
同 飽田詫摩郡	飽田郡春日村	同 玉名郡	高瀬町
同 菊池合志郡	菊池郡隈府町	同 阿蘇郡	內牧町
同 上益城郡	邊田見村	同 蘆北郡	佐敷町
同 下益城宇土郡	宇土郡宇土村	同 求麻郡	人吉町
肥後 八代郡	八代町	肥後 天草郡	町山口村

群馬縣廳

在廳 上野國東群馬郡前橋町
東京ヨリ三拾里三拾二町

郡役所	同上位置
上野東群馬南勢多郡	東群馬郡前橋町
同西群馬片岡郡	西群馬郡高崎驛
同南甘樂緑野多胡郡	緑野郡藤岡町
同北甘樂郡	富岡町
同佐位那波郡	佐位郡伊勢崎町
同邑樂郡	館林町

郡役所	同上位置
碓氷郡	安中宿
吾妻郡	中ノ條町
利根北勢多郡	利根郡沼田町
山田郡	桐生新町
新田郡	太田町

管内六拾三萬六千石余

山口縣廳

在廳周防國吉敷郡山口
東京ヨリ二百六拾八里七丁余
管内百壹萬石余

郡役所	同上位置
周防大島郡	屋代

區役所	同上位置
長門赤間關區	赤馬關町

郡役所	同上位置
同玖珂郡	岩國
同熊毛郡	室積
同都濃郡	徳山
同佐波郡	三田尻
同吉敷郡	山口
同厚狹郡	船木
同豊浦郡	豊浦
同美禰郡	大田
同大津郡	正明
同阿武見島郡	阿武郡萩

山形縣廳

在廳羽前國南村山郡山形
東京ヨリ九拾五里二丁余
管内百五萬石余

郡役所	同上位置
羽前南村山郡	山形
同東村山郡	天童
同西村山郡	寒河江
同北村山郡	楯岡
羽前東田川郡	藤島
同飽海郡	酒田
同南置賜郡	米澤
同東置賜郡	高畑

同最上郡	新庄
同西田川郡	鶴ヶ岡
同西置賜郡	宮内

山梨縣廳

在廳甲斐國西山梨郡甲府
東京ヨリ三拾五里拾七町余
管內三拾壹萬石余

郡役所	同上位置
甲斐西山梨郡	甲府
同東山梨郡	平等村
同東八代郡	石和驛
同西八代郡	市川大門村
同南巨摩郡	鰍澤村
甲斐中巨摩郡	龍王村
同北巨摩郡	韮崎驛
同南都留郡	谷村
同北都留郡	猿橋驛

福嶋縣廳

在廳岩代國信夫郡福島
東京ヨリ七拾里二拾九町余
管內三拾四萬石余

郡役所	同上位置
磐城 西白川郡	白川
同 東白川郡	棚倉
同 石川郡	石川
同 田村郡	三春
同 菊多磐前磐城郡	平
同 楢葉標葉郡	富岡
同 行方宇多郡	中村
岩代 大沼郡	高田
同 河沼郡	坂下

郡役所	同上位置
岩代 信夫郡	福島
同 伊達郡	保原
同 安達郡	二本松
同 安積郡	桑野
同 岩瀬郡	須賀川
同 北會津郡	若松
同 南會津郡	田島
同 耶麻郡	塩川
越後 東蒲原郡	津川

福岡縣廳

在筑前國那珂郡福岡

東京ヨリ三百拾里拾八町余

管内九拾八萬石余

區郡役所	同上位置
筑前 福岡區	那珂郡福岡
同 糟屋郡	箱崎
同 宗像郡	赤間
同 遠賀郡	芦屋
同 怡土志摩早良郡	怡土郡今宿
豊前 企救郡	小倉
同 京都仲津郡	京都郡行事村
同 築城上毛郡	上毛郡八屋
同 田川郡	香春

郡役所	同上位置
筑前 鞍手郡	直方
同 嘉麻穂波郡	穂波郡飯塚
同 夜須上坐下坐郡	夜須郡甘木
同 御笠那珂席田郡	御笠郡山田村
筑後 竹野生葉郡	生葉郡吉井
同 御井御原山本郡	御井郡久留米
同 三瀦郡	宮本
同 上妻下妻郡	上妻郡福島
同 山門郡	柳川
同 三池郡	三池

高知縣廳

在廳土佐國土佐郡高知
東京ヨリ二百三拾九里三拾四丁余
管內八拾九萬石余

郡役所	同上位置
土佐 土佐郡	高知町
同 幡多郡	中村
同 高岡郡	須崎村
同 吾川郡	伊野村
同 長岡郡	大埇村
同 香美郡	赤岡村
同 安藝郡	安藝村

郡役所	同上位置
阿波 名東勝浦郡	名東郡寺島
同 海部郡	日和佐浦
同 那賀郡	富岡町
同 名西郡	石井村
同 板野郡	南濱村
同 阿波麻植郡	麻植郡川島町
同 美馬郡	脇町
同 三好郡	池田町

愛媛縣廳

在廳伊豫國温泉郡松山
東京ヨリ二百四拾九里八町余
管內七拾万石余

郡役所	同上位置
讃岐 大内寒川郡	寒川郡津田村
同 三木山田郡	三木郡池戸村
同 小豆郡	淵崎村
同 香川郡	高松
同 阿野鵜足郡	阿野郡坂出村
同 那珂多度郡	那珂郡丸龜
同 三野豊田郡	豊田郡寺家村
伊豫 下浮穴郡	井門村
同 伊豫郡	湊町
同 喜多郡	大洲町
同 西宇和郡	八幡濱浦

郡役所	同上位置
伊豫 宇摩郡	川之江村
同 周布桑村郡	周布郡新屋敷村
同 越智郡	今治
同 野間風早郡	風早郡北條村
同 久米和氣温泉郡	温泉郡松山
同 新居郡	西條町
同 上浮穴郡	久万町
同 東宇和郡	卯ノ町
同 北宇和郡	宇和島
同 南宇和郡	城邊村

青森縣廳

在廳陸奥國東津輕郡青森　東京ヨリ仙台通百九拾壹里二丁余
米澤通二百二里九町余

管内四拾万石余

郡役所	同上位置
陸奥東津輕郡	青森町
同西津輕郡	鰺ヶ澤町
同北津輕郡	五所川原町
同上北郡	七戸村
陸奥中津輕郡	弘前町
同南津輕郡	黒石町
同三戸郡	八戸町
同下北郡	田名部村

秋田縣廳

在廳羽後國南秋田郡久保田
東京ヨリ百四拾九里三拾三丁余

管内五拾五萬石余

郡役所	同上位置
羽後南秋田郡	秋田町
同北秋田郡	鷹巣村
羽後山本郡	能代町
同河邊郡	牛島村

陸中 鹿角郡	花輪村
羽後 仙北郡	大曲町
同 平鹿郡	横手町
羽後 由利郡	本荘村
同 雄勝郡	湯澤町

愛知縣廳

在尾張國名古屋區名古屋
東京ヨリ九拾四里九丁余
管内百二拾三萬石

區郡役所	同上位置
尾張 名古屋區	名古屋
同 愛知郡	熱田
同 春日井郡	下小田井村
同 丹羽葉栗郡	丹羽郡小折村
三河 幡豆郡	西尾
同 額田郡	岡崎
尾張 中島郡	稲葉村
同 海東海西郡	海東郡津島村
同 知多郡	半田村
三河 碧海郡	知立村
同 南設樂郡	新城村
同 寶飯郡	御油村

同 西加茂郡	擧母村
同 東加茂郡	足助村
同 北設樂郡	田口村
同 渥美郡	豊橋
同 八名郡	富岡村

埼玉縣廳

在廳武藏國北足立郡浦和
東京ヨリ六里四丁余
管内九拾壹萬石余

郡役所	同上位置
武藏 南埼玉郡	岩槻町
同 北埼玉郡	行田町
同 北足立新坐郡	北足立郡浦和宿
同 高麗入間郡	入間郡川越町
武藏 比企横見郡	比企郡松山町

郡役所	同上位置
武藏 大里榛澤幡羅男衾郡	大里郡熊ヶ谷宿
同 那珂兒玉賀美郡	兒玉郡本庄宿
同 秩父郡	大宮郷
同 北葛飾中葛飾郡	北葛飾郡杉戸宿

堺縣廳

在廳和泉國大鳥郡堺町
東京ヨリ百四拾七里拾六丁余
管内九拾六萬石余

郡役所	同上位置

附言
本縣廳ハ未タ郡區改正御發令前ナルヲ以テ玆ニ登載スル不能因テ之ヲ再版ニ讓ルヘシ

岐阜縣廳

在廳美濃國厚見町岐阜
東京ヨリ百三里三拾丁余
管内百拾壹萬石余

郡役所	同上位置
美濃方縣厚見各務郡	厚見郡岐阜町
同羽栗中島郡	羽栗郡笠松村
同多藝上石津郡	多藝郡島田村
美濃山縣郡	高富村
同武儀郡	上有知村
同郡上郡	八幡町

同海面下石津郡	下石津郡高須村
同不破郡	垂井村
同安八郡	大垣町
同大野池田郡	大野郡三輪村
同本巣席田郡	本巣郡北方村
飛騨大野吉城益田郡	大野郡高山町
同加茂郡	太田村
同可児郡	御嵩村
同土岐郡	多治見村
同恵那郡	大井村

三重縣廳

在廳伊勢國安濃郡津
東京ヨリ百拾二里拾五丁余
管内八拾七萬石余

郡役所	同上位置
伊勢桑名郡	桑名
同員辨郡	南大社
伊勢飯高飯野郡	飯高郡松坂
同多氣郡	相可

同　三重朝明郡	三重郡四日市
同　鈴鹿郡	龜山
同　奄藝河曲郡	奄藝郡白子
同　安濃郡	津
同　一志郡	久居
同　度會郡	山田
伊賀　阿拜山田郡	阿拜郡上野
同　名張伊賀郡	名張郡梁瀬
志摩　答志英虞郡	答志郡鳥羽
紀伊　北牟婁郡	尾鷲
同　南牟婁郡	木ノ本

宮城縣廳

在廳陸前國宮城郡仙台
東京ヨリ九拾二里二拾八丁余
管內七拾七万石余

區郡役所	仝上位置
陸前　仙台區	宮城郡仙台
同　宮城郡	原町驛
同　名取郡	長町村
郡役所	**同上位置**
陸前　栗原郡	築館驛
同　登米郡	佐沼驛
同　桃生郡	廣淵村

郡役所	同上位置
同 黒川 加美郡	黒川郡吉岡驛
同 志田 玉造郡	志田郡古川驛
同 遠田郡	涌谷驛
磐城 刈田郡	陸前柴田郡大河原村
同 牡鹿郡	石巻村
同 本吉郡	本吉村
同 柴田郡	大河原村
磐城 伊具 亘理郡	伊具郡角田本郷

島根縣廳

在廳出雲國島根郡松江
東京ヨリ二百三拾二里九町余
管內九拾六萬貳千百拾壹石余

郡役所	同上位置
出雲 島根 秋鹿 意宇郡	島根郡殿町
同 能義郡	廣瀬村
同 仁多郡	三成村
同 大原郡	大東村
出雲 出雲 楯縫郡	楯縫郡平田村上ヶ分
同 神門郡	今市村
同 飯石郡	掛合村
石見 邇摩 安濃郡	邇摩郡佐摩村

郡名	郡役所位置
石見 邑智郡	川本村
同 那賀郡	淺井村
同 美濃郡	益田本郷
同 鹿足郡	後田村
伯耆 日野郡	二部宿
同 會見郡	米子町
伯耆 汗入 八橋郡	八橋郡 赤碕宿
因幡 氣多郡	勝見村
同 高草郡	古海村
同 八上 智頭郡	智頭郡 用ヶ瀬宿
同 八東郡	安井宿
同 岩井 法美 邑美郡	邑美郡 鳥取堀端町
隱岐 穩地 周吉 智夫 海士郡	周吉郡 西郷中町
伯耆 久米 河村郡	久米郡 倉吉町

静岡縣廳

在廳 駿河國安倍郡静岡
東京ヨリ四拾六里拾三丁余
管内七拾五万石余

郡役所	同上位置
駿河 有渡 安倍郡	安倍郡 静岡
同 志太 益津郡	志太郡 藤枝驛
伊豆 賀茂 那賀郡	賀茂郡 下田町
同 君澤 田方郡	田方郡 韮山町

郡役所	同上位置
同駿東郡	沼津驛
同富士郡	吉原驛
同庵原郡	興津驛
遠江磐田豊田山名郡	盤田郡見付驛
同敷知長上濱名郡	敷知郡濱松驛
遠江榛原郡	静波町
同城東佐野郡	佐野郡掛川驛
同周智郡	森町村
同麁玉引佐郡	引佐郡氣賀村

滋賀縣廳

在廳近江國滋賀郡大津
東京ヨリ百二拾八里拾町余
管內百拾壹万石余

郡役所	同上位置
近江滋賀郡	大津
同甲賀郡	水口村
同蒲生郡	八幡
同愛知郡	中宿村
近江栗太郡	草津村
同野洲郡	守山村
同神崎郡	八日市村
同犬上郡	彦根

同 阪田郡	長濱
同 伊香西淺井郡	伊香郡木ノ本村
同 高島郡	今津村
越前 敦賀郡	敦賀
同 淺井郡	速水村
若狹 三方郡	佐柿
同 遠敷郡	小濱
若狹 大飯郡	高濱

廣島縣廳

在廳 安藝國安藝郡廣島
東京ヨリ二百三拾三里三拾四丁余
管内四拾八万石余

區郡役所	同上位置
安藝 廣島區	廣島大手筋一丁目
同 沼田高宮郡	沼田郡南下安村
同 安藝郡	海田市
同 佐伯郡	廿日市
同 山縣郡	加計村
同 高田郡	吉田村

郡役所	同上位置
備後 御調郡	尾道
同 深津沼隈郡	深津郡福山
同 芦田品治安那郡	芦田郡府中市村
同 甲奴世羅三谿郡	世羅郡甲山村
同 三次惠蘇郡	三次郡上里村

同賀茂郡	四日市
安藝豐田郡	忠海村
同奴可三上郡	奴可郡西城町
同神石郡	小畑村

沖繩縣廳

在廳琉球國首里

東京ヨリ五百七十六里六丁余

管內九万四千二百石余

郡政必携畢

明治十二年八月二十一日出版御届
同　年九月八日出版版權免許

編輯　木村陸一郎
神田末廣町十五番地

出版　小笠原美治
神田五軒町十八番地

發兌　東京神田五軒町　弘令社
賣捌　同　芝三島町　山中市兵衛
同　同　通三丁目　丸屋善七
同　同　通二丁目　稲田佐兵衛
同　京都寺町通　田中治兵衛
同　大坂心齋橋通備後町角　吉岡平助
同　同　唐物町　森本太助

同　伊勢津東町　淺野東助
同　名古屋本町　片野東四郎
同　岐阜米屋町　三浦源助
同　和歌山本町　平井文助
同　播州姬路俵町　山野長平
同　廣島中島本町　秋田惣兵衛
同　筑前福岡橋口町　山崎啓八
同　豐前中津新博多町　野依曆三
同　長崎袋町　滿都屋太平治
同　同　引地町　鶴野常藏
同　信州長野　小桝屋喜太郎
同　羽前山形七日町　八文字屋
同　岩代福島十丁目　近江屋周吉
同　同同　五丁目　齋藤彥太郎

地方自治法研究復刊大系〔第222巻〕

全国郡区 役所位置 郡政必携 全

日本立法資料全集 別巻 1032

2017(平成29)年5月25日　復刻版第1刷発行　6998-7:012-010-005

編　輯　木 村 陸 一 郎
発行者　今 井 　 貴
　　　　稲 葉 文 子
発行所　株 式 会 社 信 山 社

〒113-0033 東京都文京区本郷6-2-9-102東大正門前
Ⓣ03(3818)1019　Ⓕ03(3818)0344
来栖支店〒309-1625 茨城県笠間市来栖2345-1
Ⓣ0296-71-0215　Ⓕ0296-72-5410
笠間才木支店〒309-1611 笠間市笠間515-3
Ⓣ0296-71-9081　Ⓕ0296-71-9082
印刷所　ワ イ ズ 書 籍
製本所　カ ナ メ ブ ッ ク ス
printed in Japan　分類 323.934 g 1032　用　紙　七 洋 紙 業

ISBN978-4-7972-6998-7 C3332 ¥22000E

日本立法資料全集 別巻

地方自治法研究復刊大系

仏蘭西邑法 和蘭邑法 皇国郡区町村編制法 合巻〔明治11年8月発行〕／箕作麟祥 閲 大井憲太郎 譯／神田孝平 譯
郡区町村編制法 府県会規則 地方税規則 三法綱論〔明治11年9月発行〕／小笠原美治 編輯
郡吏議員必携三新法便覧〔明治12年2月発行〕／太田啓太郎 編輯
郡区町村編制 府県会規則 地方税規則 新法例纂〔明治12年3月発行〕／柳澤武運三 編輯
全国郡区役所位置 郡政必携 全〔明治12年9月発行〕／木村陸一郎 編輯
府県会規則大全 附 裁定録〔明治16年6月発行〕／朝倉達三 閲 若林友之 編輯
区町村会議要覧 全〔明治20年4月発行〕／阪田辨之助 編纂
英国地方制度 及 税法〔明治20年7月発行〕／良保両氏 合著 水野遵 翻訳
英国地方政治論〔明治21年2月発行〕／久米金彌 翻譯
傍訓 市町村制及説明〔明治21年5月発行〕／高木周次 編纂
鼇頭註釈 市町村制俗解 附 理由書 第2版〔明治21年5月発行〕／清水亮三 註解
市制町村制註釈 完 附 市制町村制理由 明治21年初版〔明治21年5月発行〕／山田正賢 著述
市町村制詳解 全 附 市町村制理由〔明治21年5月発行〕／日鼻豊作 著
市制町村制釈義〔明治21年5月発行〕／壁谷可六 上野太一郎 合著
市制町村制詳解 全 附 理由書〔明治21年5月発行〕／杉谷庸 訓點
町村制詳解 附 市制及町村制理由〔明治21年5月発行〕／磯部四郎 校閲 相澤富蔵 編述
市制町村制正解 附 理由〔明治21年6月発行〕／芳川顯正 序文 片貝正晉 註解
市制町村制釈義 附 理由書〔明治21年6月発行〕／清岡公張 題字 樋山廣業 著述
市制町村制釈義 附 理由 第5版〔明治21年6月発行〕／建野郷三 題字 櫻井一久 著
市町村制註解 完〔明治21年6月発行〕／若林市太郎 編輯
市町村制釈義 全 附 市町村制理由〔明治21年7月発行〕／水越成章 著述
傍訓 市制町村制註解 附 理由書〔明治21年8月発行〕／鯰江貞雄 註解
市制町村制註釈 附 市制町村制理由 3版増訂〔明治21年8月発行〕／坪谷善四郎 著
市制町村制註釈 完 附 市制町村制理由 第2版〔明治21年9月発行〕／山田正賢 著述
傍訓註釈 日本市制町村制 及 理由書 第4版〔明治21年9月発行〕／柳澤武運三 註解
鼇頭参照 市町村制註解 完 附 理由書及参考諸令〔明治21年9月発行〕／別所富貴 著述
市町村制問答詳解 附 理由書〔明治21年9月発行〕／福井淳 著
市制町村制註釈 附 市制町村制理由 4版増訂〔明治21年9月発行〕／坪谷善四郎 著
市制町村制 並 理由書 附 直接間接税類別 及 実施手続〔明治21年10月発行〕／高崎修助 著述
市町村制釈義 附 理由書 訂正再版〔明治21年10月発行〕／松木堅葉 訂正 福井淳 釈義
増訂 市制町村制註解 全 附 市制町村制理由挿入 第3版〔明治21年10月発行〕／吉井太 註解
鼇頭註釈 市町村制俗解 附 理由書 増補第5版〔明治21年10月発行〕／清水亮三 註解
市町村制施行取扱心得 上巻・下巻 合冊〔明治21年10月・22年2月発行〕／市岡正一 編纂
市制町村制傍訓 完 附 市制町村制理由 第4版〔明治21年10月発行〕／内山正如 著
鼇頭対照 市町村制解釈 附理由書及参考諸布達〔明治21年10月発行〕／伊藤寿 註釈
市制町村制詳解 附 理由 第3版〔明治21年11月発行〕／今村長善 著
町村制実用 完〔明治21年11月発行〕／新田貞橘 鶴田嘉内 合著
町村制精解 完 附 理由書 及 問答録〔明治21年11月発行〕／中目孝太郎 磯谷群爾 註釈
市町村制問答詳解 附 理由 全〔明治22年1月発行〕／福井淳 著述
訂正増補 市町村制問答詳解 附 理由 及 追輯〔明治22年1月発行〕／福井淳 著
市町村制質問録〔明治22年1月発行〕／片貝正晉 編述
鼇頭傍訓 市制町村制註釈 及 理由書〔明治21年1月発行〕／山内正利 註釈
傍訓 市町村制 及 説明 第7版〔明治21年11月発行〕／高木周次 編纂
町村制要覧 全〔明治22年1月発行〕／浅井元 校閲 古谷省三郎 編纂
鼇頭 市制町村制 附 理由書〔明治22年1月発行〕／生稲道蔵 略解
鼇頭註釈 町村制 附 理由 全〔明治22年2月発行〕／八乙女盛次 校閲 片野続 編釈
市町村制実解〔明治22年2月発行〕／山田顕義 題字 石黒磐 著
町村制実用 全〔明治22年3月発行〕／小島鋼次郎 岸野武司 河毛三郎 合述
実用詳解 町村制 全〔明治22年3月発行〕／夏目洗蔵 編集
理由挿入 市町村制俗解 第3版増補訂正〔明治22年4月発行〕／上村秀昇 著
町村制市制全書 完〔明治22年4月発行〕／中嶋廣蔵 著
英国市制実見録 全〔明治22年5月発行〕／高橋達 著
実地応用 町村制質疑録〔明治22年5月発行〕／野田籐吉郎 校閲 國吉拓郎 著
実用 町村制市制事務提要〔明治22年5月発行〕／島村文耕 輯解
市町村条例指鍼 完〔明治22年5月発行〕／坪谷善四郎 著
参照比較 市町村制註釈 完 附 問答理由〔明治22年6月発行〕／山中兵吉 著述

信山社